Monika Scheele Knight

Am Südstern

Bibliografische Information der Deutschen Nationalbibliothek: Die Deutsche Nationalbibliothek ver-
zeichnet diese Publikation in der Deutschen Natio-
nalbibliografie; detaillierte bibliografische Daten
sind im Internet über dnb.dnb.de abrufbar.

Herstellung und Verlag:
BoD – Books on Demand, Norderstedt

ISBN: 978-3746 0188 43

»Hier ruht eine große Liebe«

»Und ewig mit Sehnsuchtsblick schaut die Liebe dir nach«

(Inschriften auf Grabsteinen, Alter Luisenstädtischer Friedhof in Berlin)

1

Und ich weiß schon:
Solange meine Seele in mir wohnt,
werd ich das Dunkel dieses Augenblicks
schöpfen und trinken und bluten

(David Grossman: Aus der Zeit fallen)

Im toten Körper ist der Mensch gleichzeitig da und nicht mehr da. Im ersten Augenblick nehme ich nur diese verstörende Gleichzeitigkeit wahr, als ich John zum ersten Mal tot sehe. Da liegt mein Sohn, 15 Jahre alt, ganz er. Ich sehe sein Haar, seinen Mund, seine Hände. Ich denke ein bisschen erstaunt zunächst nur das: Er ist so ganz und gar er. Ebenso eindeutig ist aber alles Leben aus seinem Körper entwichen. Ich sehe die Totenflecken, die Hautverfärbungen, sehe, dass dies eindeutig ein toter Körper ist. John ist da und nicht mehr da.

Ich bin vergleichsweise ruhig, denn ich habe vier Tage lang Zeit gehabt, mich auf diesen Augenblick vorzubereiten. Ich habe das Zusammentreffen in diesen Tagen mit großer Wehmut herbeigesehnt. John ist nachts zu Hause in seinem Bett in Berlin an SUDEP gestorben, das steht für *Sudden Unexpected Death in Epilepsy*, also einem plötzlichen und unerwarteten Tod bei Epilepsie. Ich war gerade beruflich in Erfurt.

Johns Körper war von der Polizei mitgenommen worden, um ein Fremdverschulden auszuschließen. Ein Standardverfahren, wie es hieß. Mein Mann Scott und ich hatten vier Tage auf die Freigabe durch die Staatsanwaltschaft gewartet. In der Zwischenzeit wussten wir nur, dass der Körper unseres Kindes irgendwo in Berlin in einem Kühlfach liegt. Wir hatten uns so danach gesehnt, bei ihm zu sein.

Wir begegnen John in einem Abschiedsraum am Richardplatz in Berlin-Neukölln. Unsere Bestatter arbeiten mit einem hier ansässigen Fuhrunternehmen zusammen. Sie haben Johns Körper aus der Rechtsmedizin abgeholt und hierhergebracht.

Ich kenne den Richardplatz schon lange. Zu Studienzeiten Mitte der neunziger Jahre hatten wir uns gewundert, dass es mitten in Berlin so einen klassischen Dorfanger gibt. Diese alte Atmosphäre, Böhmisch-Rixdorf, das klang außerdem angenehm exotisch nach Osteuropa. Wir kannten den Platz vor allem vom Ausgehen am Abend. In den letzten Jahren waren wir vor Weihnachten hier häufiger mit John auf dem Weihnachtsmarkt gewesen. Nun erfahre ich den Richardplatz wiederum neu und anders. Das Hochzeits- und Bestattungsfuhrwesen mitten am Platz organisiert seit 120 Jahren Leben wie Tod der Menschen: ein rustikaler Hof, sauber und großzügig, mehrere Gebäudeflügel, eine Remise mit historischen Kutschen, Tore mit schweren Scharnieren, roter Klinker. Wir könnten auf dem Land in meiner norddeutschen Heimat sein.

Johns Körper wird bis auf Weiteres hier aufbewahrt, und so sehe ich ihn zum ersten Mal tot. Sehe, wie er gleichzeitig anwesend und abwesend ist. Im Anblick seines Körpers wird der Verlust real, doch die erste Begegnung hat auch etwas Befreiendes. Sobald ich ihn sehe, wird mir klar: Die Liebe hört mit dem Tod nicht auf. Seit Johns Geburt gibt es kein Ich ohne ihn, und daran ändert sein Tod nichts.

An seinem Körper stößt mich nichts ab, im Gegenteil, alles zieht mich zu ihm hin. Ich trete näher an John heran. Ihm läuft Flüssigkeit aus dem Mund, die wir vorsichtig abtupfen. Entweder ist es noch Schaum von den erfolglosen Wiederbelebungsversuchen oder schon die Autolyse. In den letzten Tagen habe ich viel über das Sterben gelesen. Praktisch sofort nach dem Tod beginnt die Selbstverdauung des Körpers, wenn ich es richtig verstehe, seine Auflösung von innen. Ohne Sauerstoffzufuhr entsteht ein Überschuss an Kohlendioxid und durch die entstehende Übersäuerung platzen Zellmembranen. Die freigesetzten Enzyme verspeisen die Zellen von innen heraus und produzieren schwefelhaltige Gase, den typischen Fäulnisgeruch. Bakterien zersetzen die Organe und den Magen-Darm-Trakt, dabei wird auch Flüssigkeit nach oben gespült.

Ich denke: Noch bewohne ich meinen zukünftigen Leichnam. Eines Tages wird auch aus meinem Mund Flüssigkeit laufen. Es kommt mir nicht schlimm vor, sondern vollkommen normal.

Auf Johns Brustkorb kleben noch die Pflaster von den Wiederbelebungsversuchen, vorsichtig entfernen wir sie. Muss ein Toter gewaschen werden? Nicht zum ersten Mal in den letzten Tagen fällt mir auf, wie wenig ich über den Tod weiß. Was muss überhaupt mit dem Körper gemacht werden? Unsere Bestatterin Lea erklärt, dass nichts muss. Wir waschen die Flecken der Pflaster von der Haut. Wir ziehen John die Kleidung an, die wir zu Hause sorgfältig ausgesucht haben. Am Ende hatten noch drei Pullover auf seinem Bett gelegen, die in die engere Auswahl kamen, drei Lieblingspullis. Das letzte Mal haben wir gewissenhaft das getan, was zuvor fünfzehneinhalb Jahre lang morgens nebenbei und auf die Schnelle passierte: einen Pullover ausgesucht.

Wir haben John bis zu seinem Tod jeden Tag an- und meistens mehrfach umgezogen. John war schwerstbehindert, er war Autist und chronisch an einer therapieresistenten Epilepsie erkrankt. In seiner Bewegungsfähigkeit war er nicht eingeschränkt gewesen, im Gegenteil. «John ist ein lebhafter, meist freundlicher Junge mit einem großen Bewegungsdrang», so stand es in seinem Zeugnis. Durch seine kognitiven Einschränkungen konnte er sich aber nicht allein anziehen. Wir sind daher gewohnt, das zu tun.

Nun aber lassen sich die Arme und Beine nur schwer bewegen. Lea und ihr Vater erklären uns, wie man einen toten Körper anzieht. Die steifen Gelenke kann man vorsichtig durch Massieren biegbarer machen. Um den Pullover anzuziehen, müssen wir die

Ärmel auf links gedreht über unsere eigenen Arme ziehen, Johns Hand nehmen und ihm die Ärmel überstreifen. Wenn man erst einmal weiß, wie es funktioniert, ist es einfach.

Mehrfach müssen wir Johns Körper auf die Seite bewegen, die Bestatter helfen uns. Beim Anziehen spüre ich körperlich, was ich beim ersten Anblick gesehen habe: Jegliche Energie ist aus Johns Körper gewichen. Ich sehe es, ich spüre es in meinen Handlungen, mein Kind ist tot, da gibt es kein Vertun, und keine Hoffnung, dass das alles nicht wahr ist. Die Bewusstwerdung steigt mit jedem Handgriff.

Die Totenfürsorge ist schwer und dennoch wichtig für mich. Ich weiß nicht, wie ich diese Realität sonst verstehen können sollte, gegen die sich alles in mir wehrt. Dies sind die letzten Handlungen, die wir für John tun können und ich möchte mir so wenige der kostbaren Momente aus der Hand nehmen lassen wie möglich. Es tut bei allem Schmerz unglaublich gut, ihn zu sehen und berühren zu können. Mir ist deutlich bewusst, dass es bald nie wieder möglich sein wird.

Wir haben Schuhe mitgebracht. Lea sagt taktvoll: «Ohne Schuhe ist es umweltfreundlicher. Wenn John aber sehr an seinen Schuhen gehangen hat, also, wenn sie eine besondere Bedeutung für ihn oder für euch haben, dann könnt ihr sie ihm natürlich trotzdem anziehen.»

«Nein, nein,» sagen wir schnell. Wir hatten gar nicht darüber nachgedacht. Wir hatten einfach alles mitgebracht, was wir ihm normalerweise anziehen. Wir sind solche Anfänger, es ist unglaublich. Warum ist das so? Geht das nur uns so? Haben alle anderen das Memo über den Tod bekommen, mit allem, was man darüber wissen muss, nur wir nicht? Selbstverständlich ohne Schuhe.

Zu viert heben wir John in einen schlichten und unbehandelten Kiefernsarg. Es ist ein Sarg mit Überlänge. Wie groß John genau war, wissen wir nicht. Er stand beim Messen nie still. Manchmal sah es nach 1,93 m aus, manchmal nach 1,94 m. Jedenfalls groß. Leas Satz ist einer der Momente, die immer wieder klar vor mir stehen: «Da brauchen wir einen Sarg mit Überlänge.» Gefolgt von meinem Gedanken: Wie bin ich hierhergekommen, zu einem Sarg mit Überlänge, für mein Kind? Alles erscheint unwirklich.

Scott und ich haben Johns Kissen, seine Bettdecke, ein Wimmelbuch und ein Holzpuzzle dabei. Es gab nicht viele Spielsachen, mit denen John etwas anfangen konnte, aber Wimmelbücher und Holzpuzzles hat er gerne gemocht. Wir legen das Kissen unter seinen Kopf, die Decke über die Beine und die Sachen an seine Seite. In der Nacht schlafe ich das erste Mal seit Johns Tod sechs Stunden durch. Und wache erschrocken auf: Wie kann ich nur sechs Stunden schlafen, wenn mein Kind tot ist? Aber ja, so gut hat es getan, ihn endlich zu sehen.

2

Die Begegnung mit dem Tod ist eine intime Erfahrung. Das erste Problem daran ist, dass John mir nicht sagen kann, ob ich über meine Trauer um ihn schreiben darf. Ist es übergriffig, darüber zu sprechen?

Der Tod kann als das größte Rätsel gelten, oder im Gegenteil nur schlicht als das Ende des Menschen. Alles, was man über den Tod sagen kann, scheint banal. Das ist das nächste Problem.

Ich habe nichts bahnbrechend Neues zu erzählen, ich möchte niemanden bekehren oder belehren, ich kann keine Ratschläge geben und habe kein Rezept für die Erlösung vom Schmerz einer Trauer. Problem Nummer drei.

Worum geht es also? Um die Erzählung: «Das ist passiert, und so war es.» Ein Bericht vom Weiterleben.

Das Schwerste ist, immer wieder zu entdecken, was man ohnehin schon weiß. Elias Canetti. Wir wissen alle, dass wir eines Tages sterben werden. Wir wissen, dass jeder und jede von uns zu einem jeden Zeitpunkt sterben kann, und doch müssen wir das immer wieder neu entdecken.

3

In der Nacht von Johns Tod bin ich beruflich in Erfurt. Als Freiberuflerin betreue ich Gruppen in verschiedensten Situationen, leite Reisen, halte Vorträge, unterrichte Schulklassen, moderiere Gespräche. In Erfurt arbeite ich an einem Messestand bei der Thüringen-Ausstellung. Scott und John sind zu Hause in Berlin.

Abends telefoniere ich mit den beiden, beziehungsweise eher mit Scott, da John nicht sprechen kann. Aber mit dem Telefon auf Raumklang höre ich ihn im Hintergrund fröhlich lautieren. Die beiden Männer haben schon zu Abend gegessen, sitzen im Wohnzimmer und sehen sich auf YouTube *Tiny desk concerts* von NPR an. Ich höre an ihren Stimmen, dass es ihnen gut geht. Scott hält John den Hörer hin und ich sage: «Die Arbeit ist fast fertig. Noch zwei Tage, mein Schatz, dann komm ich zurück.»

Weil wir nicht genau wissen, was John versteht, formuliere ich es noch einmal anders: «In zwei Tagen kommt Mama nach Hause.»

Wie habe ich das früher gehasst, wenn Mütter von sich selbst in der dritten Person sprechen. Aber was soll ich machen. Wenn ich sichergehen möchte, dass John mich versteht, muss ich über meinen Schatten springen. John gluckst fröhlich. Ich bin müde, Scott und ich legen bald danach auf. Alltag. Alles wie immer.

Mitten in der Nacht klingelt in meinem Traum ein Handy. Der Traum will weiter, aber das Telefon hört nicht auf zu klingeln. Ich wache langsam auf und merke, dass es mein Smartphone ist, das da in der Wirklichkeit klingelt. Verschlafen erkenne ich, dass es nach Mitternacht ist. Es ist Scott. Warum ruft er mich so spät noch an? Ich bin verärgert, er weiß doch, dass ich früh aufstehen muss. Ich nehme ab und höre Scott in einer seltsam heiseren Stimme sagen: «Es tut mir so leid, Monika. Es tut mir so leid.»

«Was ist los?», frage ich ungeduldig. Was soll das, so ein kryptischer Anruf mitten in der Nacht, denke ich immer noch verärgert.

«John ist tot», kommt es tonlos vom anderen Ende zurück.

Ich bin sofort wach und denke gleichzeitig dennoch, dass ich träume. Was? Wie? Es muss ein Albtraum sein, jetzt aber schnell aufwachen. Doch Scott sagt: «Ich bin in sein Zimmer gegangen, um ihn noch einmal auf die Toilette zu setzen. Und da lag er tot im Bett. Der Notarzt ist hier, wir haben versucht, John wiederzubeleben, aber es geht nicht. Er ist tot.»

Wie Scott es mir so ruhig beschreibt, sickert in mir die Erkenntnis ein, dass es wahr sein muss. Trotzdem denke ich gleichzeitig immer noch, es sei ein Traum.

«Der Arzt ist hier. Soll ich ihn dir geben? Ich geb ihn dir mal», sagt Scott.

Der Arzt erklärt es mir noch einmal. John ist tot. Er sagt, es müsse noch ein weiterer Arzt kommen, um den Totenschein auszustellen. Er wisse nicht genau, was passiert sei. Vielleicht ein epileptischer Anfall. Er hat von Scott schon Johns Krankheitsgeschichte erfahren. Ich verstehe nicht, warum jetzt noch ein anderer Arzt kommen muss. Es ist alles verwirrend, aber mir fällt noch nicht einmal ein, nachzufragen. Allein die Tatsache, dass offensichtlich mitten in der Nacht ein fremder Mann in unserer Wohnung ist, macht aber die Vorstellung zugänglicher, dass das alles wirklich passiert und kein Traum ist.

Scott kommt zurück ans Telefon. Ich erkläre ihm, wo er für den Arzt die neuesten Befundberichte aus dem Epilepsiezentrum findet.

«Ich komme sofort», sage ich. «Ich packe meine Sachen und melde mich von unterwegs.»

Mir ist bewusst, dass ich nichts mehr tun kann und es deshalb auch nicht auf die Minute ankommt, aber ich möchte so schnell wie möglich zu John. Ich war mit dem Zug nach Erfurt gefahren, damit Scott und John zu Hause mit dem Auto beweglich sind. Wie soll ich nun nach Berlin kommen? Ich bin gute 300 km weit weg. Erst einmal raus, denke ich und werfe meine Kleidung in den Koffer. Meine Sachen sind überall in der Wohnung verstreut, ich bin kopflos und weiß nicht, ob ich sie alle einsammle.

Es ist eine Airbnb-Wohnung, in der ich mich für zehn Tage eingemietet habe. Sie gehört einer Studentin, die gerade zu Hause bei ihren Eltern in Hamburg ist. Ihre Kleidung liegt im Schrank, ihre Schuhe stehen an der Eingangstür, überall hängen Fotos von ihrer Familie und ihren Freunden. Mit meinen Kollegen hatte ich mich noch darüber unterhalten, wie eigenartig es ist, sozusagen in das Leben eines anderen Menschen einzuziehen. Ich denke noch, dass ich den Müll mitnehmen sollte. Ist das Geschirr abgewaschen? Was denke ich da? Das spielt doch überhaupt keine Rolle. Mein Kind ist tot. Das erste Mal denke ich das. Auf so eine merkwürdig distanzierte Weise. Nicht *John ist tot*, sondern *Mein Kind ist tot*. Der Gedanke macht schwindelig.

Draußen werfe ich den Wohnungsschlüssel in den Briefkasten, laufe zum Geldautomaten und hebe den maximalen Tagessatz von 500 Euro ab. Geld werde ich bestimmt brauchen. Ich verhalte mich erstaunlich strukturiert, wie auf Autopilot. Nachts fährt kein öffentlicher Nahverkehr, aber an einer Straßenbahnhaltestelle finde ich die Telefonnummer eines Taxi-Unternehmens und lasse mich zum Bahnhof bringen. Dort finde ich heraus, dass der erste Zug nach Berlin allerdings erst am Morgen fährt. Natürlich gibt es mitten in der Nacht keinen Zug. Was habe ich gedacht?

Ich stehe vor der Anzeigentafel und weiß nicht weiter. Bei der ersten Hürde löst sich meine schöne Strukturiertheit auf. Ich fühle mich hilflos wie ein Kleinkind und auf diese Stufe hat sich auch mein Denken zurückgezogen: *Wenn Du nicht weiterweißt, bitte jemanden um Hilfe.*

Ich laufe zu einem Hotel neben dem Bahnhof und frage den Nachtportier, was ich nun machen soll: «Ich habe gerade die Nachricht bekommen, dass mein

Sohn gestorben ist. Ich muss so schnell wie möglich nach Berlin. Ich weiß nicht, wie ich das machen soll. Es fährt kein Zug. Können Sie mir helfen? Kann man hier vielleicht irgendwo ein Carsharing-Auto mieten?»

Der Portier guckt mich erschrocken an, ist aber sofort hilfsbereit. Er spricht mir seine Anteilnahme aus und sagt: «Ein Auto mieten, das geht hier in Erfurt nachts nicht. Aber wissen Sie was, Sie können in diesem Zustand sowieso nicht selbst fahren. Zu dieser Zeit bleibt Ihnen nur ein Taxi. Ich guck mal im Internet nach, was das kosten darf. Nicht, dass man Sie da übers Ohr haut.»

Seine Worte hallen in mir nach: *Sie können in diesem Zustand sowieso nicht selbst fahren.* In was für einem Zustand ich wohl bin, frage ich mich, als ob es bei der Frage um jemand anderes geht. Ich stehe merkwürdig neben mir. Das ist bestimmt der Schock, denkt der Teil von mir, der noch Zugang zur Vernunft hat, und der wie von außen auf den anderen Teil blickt, der immer tiefer in ein mir bisher unbekanntes Nichts fällt.

Eine Taxifahrt von Erfurt nach Berlin kostet laut Internetauskunft 700 Euro, also mehr, als ich in bar habe. Der erste Fahrer, den ich draußen vor dem Bahnhof anspreche, möchte nicht nach Berlin. Der zweite willigt ein bisschen unzufrieden ein, nennt mir den korrekten Preis und hat auch ein Lesegerät für Kreditkarten.

Während der knapp dreistündigen Fahrt telefoniere ich nahezu die ganze Zeit mit Scott, mit dem Notarzt, dann mit einem anderen Arzt, der für die Ausstellung des Totenscheins gekommen ist, zwischendurch mit einem Kriminalpolizisten. In unserer Wohnung sammeln sich immer mehr Menschen.

«Wann kommen Sie denn in Berlin an?», fragt der Polizist.

«Das Navi sagt, noch eine Stunde und 15 Minuten», erwidere ich.

«Also, so eine Wartezeit kann ich leider nicht rechtfertigen», sagt der Polizist. «Wir dürfen den Leichnam nicht allein lassen. Wenn Sie ihn jetzt noch sehen wollten, dann müssten wir hier in Ihrer Wohnung bleiben. Das dauert zu lange. Es ist mitten in der Nacht. Das kann ich auch gegenüber meinen Kollegen nicht rechtfertigen. Tut mir leid, aber wir müssen gehen und wir müssen den Leichnam mitnehmen. Das ist die normale Routine, wenn jemand zu Hause verstirbt.»

Ich sage dem Polizisten, wie wichtig es mir ist, John zu sehen. Meine Versuche, ihn umzustimmen, bleiben aber erfolglos. Johns Körper wird beschlagnahmt und abtransportiert. In mir löst sich nun alles auf. Die ganze Zeit habe ich darauf hin gehandelt, möglichst schnell bei ihm zu sein. Nun wird John noch nicht einmal mehr da sein, wenn ich ankomme.

Gegen drei Uhr nachts fahren wir auf der Autobahn am Messegelände vorbei. Der Taxifahrer sagt: «Ah, das erkenne ich wieder! Das da hinten ist doch

19

dieser Funkturm! West-Berlin ist das. Ich war schonmal hier, aber im Osten. Da kenn ich jemand. Der ist
da aus Erfurt hingezogen. Vielleicht kann ich den sogar besuchen! Muss ich nur noch warten, bis es Morgen ist. Statt einfach direkt zurückzufahren nach Erfurt. Wo ich schonmal hier bin! So weit weg kann der
ja nicht wohnen.»

Ich muss daran denken, wie es John einmal sehr
schlecht gegangen war, ungefähr im Alter von drei
Jahren. Wir hatten Wochen im Krankenhaus verbracht, John hatte Tag und Nacht Krampfanfälle gehabt, die durch keine der ausprobierten Medikamente in den Griff zu bekommen waren. Um sein Gehirn näher zu untersuchen, mussten wir in ein anderes Krankenhaus gefahren werden, und weil kein
Krankentransport zur Verfügung stand, fuhren wir
mit dem Taxi. John trug einen Schutzhelm, um sich
während eines Anfalls nicht den Kopf zu verletzen.
Ich konnte mir nicht vorstellen, dass jemand uns beiden nach all den schlafgestörten und durchrüttelten
Wochen die tiefe Erschöpfung nicht ansehen konnte.
Im Radio lief *Another day in paradise* von Phil Collins
und der Taxifahrer sprach die ganze Fahrt über von
Dieter Bohlen, der gerade ein Buch mit pikantem
Tratsch herausgebracht hatte.

Ein vorbeihuschender Gedanke: Taxifahren mit
John und verrückten Taxifahrern, das wird es jetzt
auch nie mehr geben. Realität, die immer nur für
kleine Augenblicke einsickert. Schon in der nächsten
Sekunde fühlt sich wieder alles unwirklich an.

So auch unsere Wohnung, als ich endlich zu Hause ankomme. Hier scheint alles anders als vorher. Ich kann nicht sagen, was genau. Auf dem Weg ins Wohnzimmer sehe ich aus dem Augenwinkel das Chaos in Johns Zimmer und einen Fleck auf dem Boden, aber das ist es nicht. Die Wohnung macht einen kalten und fremden Eindruck. Das ist nicht unsere Wohnung. Ha, jetzt hat sich der Albtraum verkalkuliert, jetzt wache ich gleich auf, denke ich für einen kleinen Moment. Doch mit Scott im Wohnzimmer sitzen ein unbekannter Mann und eine unbekannte Frau. Ich hatte schon am Telefon gehört, dass zwei Notfallseelsorger gekommen sind. Ich begrüße sie und setze mich neben Scott aufs Sofa. Es kommt mir komisch vor, wie wir da so steif nebeneinandersitzen. Wie auf einer Hühnerstange. Ich schaffe es wieder und wieder nicht, meine Wahrnehmung damit in Einklang zu bringen, dass das hier alles gerade tatsächlich passiert.

4

Das Wort, das dir hilft,
kannst du dir nicht selber sagen.

(Äthiopisches Sprichwort)

Sarah ist Sozialpädagogin, Musikerin und ehrenamtliche Notfallseelsorgerin. Sie ist die Frau, die mich in der Nacht von Johns Tod in unserem Wohnzimmer begrüßte. Fast zwei Jahre später habe ich sie gesucht und gefunden. Wir treffen uns in einem Café in Prenzlauer Berg.

Scott und ich haben kaum noch eine Erinnerung daran, was wir in der Nacht von Johns Tod mit Sarah und ihrem Kollegen gesprochen haben. Gleichzeitig erinnere ich mich aber, dass ich die beiden als sehr hilfreich empfand.

Wenn ich vor Johns Tod das Wort Notfallseelsorge gehört habe, verband ich damit Katastrophensituationen wie den Amoklauf in Winnenden, das Loveparade-Unglück in Duisburg oder den Flugzeugabsturz der Germanwings-Maschine in den französischen Alpen. »Notfallseelsorger sind vor Ort im Einsatz, um den Überlebenden und Angehörigen beizustehen,« hieß es in diesen Situationen in den Medien.

Dass die Notfallseelsorge auch in Familien kommt, in denen jemand gestorben ist, zudem mitten in der Nacht, war mir bis zu Johns Tod nicht bewusst.

Als wir Sarah zwei Jahre später wieder begegnen, denke ich als Erstes daran, was wir in der Nacht von Johns Tod wohl gesprochen haben. Sarah kann sich daran auch nicht genau erinnern. Im Gespräch wird mir erst richtig bewusst, dass dieser Ansatz aber womöglich ohnehin in die Irre führt. In der Nacht von Johns Tod ging es nicht in erster Linie um das Sprechen. Scott und ich befanden uns in einem Bewusstseinszustand, in dem wir einerseits extrem aufnahmefähig und verletzlich waren, aber andererseits auch vieles an uns vorbeirauschte. Wir standen unter Schock und hatten eine Welt betreten, in der Worte nicht unbedingt weiterhelfen. Die beiden Seelsorger waren auf eine unaufdringliche Weise da, sie trugen unser Leid mit, sie vermittelten ein Stück Ruhe und Halt. Solche grundlegenden Impulse konnten wir uns in diesem Moment nicht selbst geben, wir brauchten sie von außen.

Wir haben miteinander gesprochen, aber bei diesem Sprechen ging es vermutlich eher darum, das zu erreichen, was unter den Worten liegt. Sprache als Navigationshilfe für das eigentliche Terrain. Das ist sie in gewisser Weise immer, aber in einer existenziellen Krisensituation wird ihr Werkzeugcharakter noch deutlicher als sonst.

Sarah erinnert sich daran, dass die Polizei Johns Körper mitnehmen wollte, ohne dass Scott ihn noch einmal gesehen hatte. Sie wusste, dass damit eine unwiederbringliche Chance verpasst würde, bat die

Polizei um einen Moment Aufschub und ging mit Scott ins Johns Zimmer.

John lag noch von den Wiederbelebungsversuchen auf dem Boden und die beiden setzten sich neben ihn. Sarah erinnert sich an Scotts Worte: «Danke, dass du mein Sohn gewesen bist.»

Scott weiß nicht mehr, dass er das gesagt hat, erinnert sich aber daran, wie gut es ihm getan hat, sich von John verabschieden zu können.

In unserem Gespräch erzählt Sarah auch von dem Fleck auf dem Boden ins Johns Zimmer. Nachdem sie gehört hatte, dass die Polizei mit der Beschlagnahmung des Körpers nicht auf mich warten wollte, ahnte sie, wie furchtbar das für mich wird. Deshalb hatte sie die Rettungskräfte gebeten, den Fleck nicht wegzuwischen. Durch ihn hätte ich wenigstens eine Chance, das Geschehen mit der Realität zu verknüpfen. Ich erfahre das erst jetzt, fast zwei Jahre nach Johns Tod. Tatsächlich hatten wir den Fleck noch Tage nach seinem Tod nicht aufgewischt, während er genau diesen Prozess des Bewusstwerdens begleitete.

5

In der Nacht von Johns Tod verabschieden sich die Notfallseelsorger irgendwann und wir bleiben allein in unserer Wohnung zurück. Scott und ich haben beide kein Gefühl dafür, ob es Tag oder Nacht ist, aber draußen ist es dunkel, also muss es wohl noch Nacht sein und damit zu früh, unsere Angehörigen anzurufen. Sollen sie ruhig noch schlafen, bevor das Chaos auch über sie hereinbricht: unsere Eltern, Geschwister und Freunde. Es ist Samstag, die Schule kann sogar noch bis Montagmorgen warten. Zuerst sind hier jetzt nur wir, Scott und ich, zwei verwaiste Eltern, wie konnte das passieren, diese Frage kommt wieder und wieder in uns hoch.

Wir halten uns aneinander fest, vor Schock können wir noch nicht einmal weinen. Keine Axt für das gefrorene Meer in uns. Die Zeit vergeht, ohne dass wir ein Gefühl dafür haben. In meinem Kopf fühlt es sich an wie nie zuvor in meinem Leben. Dieser Satz ist unbefriedigend, aber es ist schwer, den Zustand besser zu beschreiben. Es hat sich ein bisher unbekannter Raum geöffnet. Vielleicht ist das nur der Schock, und was er mit der Wahrnehmung macht. Ich kann nur sagen, dass es ein neues Gefühl ist, und wie alle Gefühle, die man zum ersten Mal empfindet, ist es sehr intensiv. Offenheit ist der einzige Begriff, der mir dazu einfällt. Obwohl alles in unserer Wohnung genauso aussieht wie immer, fühlt es sich anders an. Als sei eine Dimension dazugekommen, die ich vorher noch nie wahrgenommen habe. Es gibt irgendwie keine Grenze mehr zwischen Innen und Außen. Ich bin das Schlafzimmer, das Schlafzimmer ist Ich.

Morgens informieren wir unsere Familien, können aber kaum mehr sprechen als ein paar Sätze. Sobald es neun Uhr morgens ist, suche ich in den Unterlagen der Polizei nach der Telefonnummer des Bestattungsinstituts, das John in der Nacht mitgenommen hat. Ich habe so eine Sehnsucht danach, ihn zu sehen.

«Das geht nicht», sagt man mir. Der Tonfall ist nicht besonders freundlich. «Wir haben Ihren Sohn in eine Gerichtsmedizin gebracht. Die Staatsanwaltschaft muss entscheiden, ob er obduziert werden soll. Sie dürfen Ihren Sohn erst sehen, wenn der Leichnam freigegeben ist. Für alles Weitere müssen Sie mit der Polizei sprechen.»

Ich rufe bei der Polizeidienststelle an, erfahre dort aber nur, dass der zuständige Kriminalbeamte erst am Montag wieder im Einsatz ist. Dann wird er seinen Bericht schreiben und an die Staatsanwaltschaft schicken, die über eine Autopsie oder Freigabe entscheidet.

«Wie lange kann das alles denn dauern?», frage ich.

«Zwischen Mittwoch und Freitag nächster Woche», erklärt man mir. «Das kommt drauf an, wie schnell die alle sind.»

Es ist Samstag. Minimum vier Tage also, bevor ich John sehen kann. Das kann nicht sein. Mir fällt ein, dass im *Tatort* manchmal Polizisten mit Angehörigen zur Rechtsmedizin gehen.

«Kann nicht ein anderer Beamter mit uns dorthin fahren, einer, der Wochenenddienst hat? Er kann ja die ganze Zeit danebenstehen und aufpassen, dass wir nichts anfassen. Ich möchte doch nur mein Kind sehen», bitte ich.

«Nein, das geht nicht», wird mir schlicht mitgeteilt. «Melden Sie sich am Montag wieder, wenn der zuständige Beamte da ist.»

Mir erscheint das geradezu unmenschlich. Wir haben uns nichts zuschulden kommen lassen, im Gegenteil, uns ist die größte Katastrophe passiert, und doch werden wir so allein gelassen.

Durch Johns Schwerbehinderung sind wir uns auf eine fast symbiotische Weise nah gewesen. Ich habe immer gewusst, wo er ist. Wie soll ich nun aushalten, dass ich John nicht sehen kann? Dass ich noch nicht einmal weiß, wo er ist? Die Wohnung ist leer, die Welt still wie nach einem Schneefall.

Ich google *Rechtsmedizin in Berlin* und denke, wir könnten mit dem Auto überall vorbeifahren, wo John sein könnte. Aber was soll das bringen? Es wird uns niemand hineinlassen, es wird uns niemand helfen, die Botschaft war deutlich.

Scott spielt mir das *Tiny desk concert* von Wilco vor. Zum Lied «I'm always in love» hatte John auf dem Sofa noch seinen rudernden Sitztanz performt. Das letzte, was Scott sich mit John vor dem Zubettgehen angesehen und angehört hatte. *I'm always in love,* und kurze Zeit später tot.

Ich gehe in die Küche, um eine Flasche Wasser zu holen. Für einen Moment erwarte ich, dass John hinter mir herkommt. Er ist mir immer in die Küche gefolgt und hat mir dort drängelnd auf den Füßen gestanden. Mit einer kleinen Zeitverzögerung realisiere ich, dass John nicht hinter mir auftauchen wird, *weil er ja tot ist.* Die automatisierten Impulse stoßen ins Leere. John ist an jeder Stelle präsent. Jeder Ort und jede Tätigkeit ist mit ihm verbunden. Er war unser Lebensmittelpunkt, jetzt ist unsere Wohnung ein Vakuum. Schon Wasserholen macht schwindelig.

6

Wir sehen uns verschiedene Websites von Bestattern an, zwei Empfehlungen von Bekannten führen uns zur selben Frau, wir stoßen online auf einen Zeitungsartikel über sie: Lea, eine alternative Bestatterin. Uns gefällt, was wir über ihre Arbeit lesen. Wir rufen sie an und sie lädt uns zu sich nach Hause ein.

Als wir in ihre Wohnung kommen, zündet Lea eine Kerze an und bringt uns einen angenehm riechenden Tee. Zitrone? Kräuter? Ich wundere mich, wie gut das tut: das Licht der Kerze und der Geruch des Tees. Der Kopf ist leer und offen. Meine Welt ist zurückgedreht auf die pure Sinneswahrnehmung, die Außenwelt stürmt ungefiltert herein. Die Welt ist so da, so stark. Das ist die besondere Schutzlosigkeit dieses Zustands. Vom Außen gehen zwei Wirkungen aus: Die Dinge sind entweder beruhigend oder überfordernd. Zum Glück blendet mein Bewusstsein die Überforderungen sofort aus.

Vage fühle ich Leere und darunter einen unfassbaren Schmerz. Ich bewege mich irgendwo im Niemandsland zwischen dieser Leere und diesem Schmerz. Lea erklärt, dass ich es mir vielleicht vorstellen könne, wie wenn man im Winter aus der Kälte ins Haus kommt und die verfrorene Hand in warmes Wasser hält. Das Wasser kommt einem ganz heiß vor und man muss die Hand sofort wieder wegziehen. Dann hält man sie wieder hinein und jedes Mal kann man es ein bisschen länger aushalten, bis Hand und

Wasser sich angeglichen haben. Das Bild stimmt, so fühlt es sich an, und wir haben diesen Weg gerade erst angefangen zu beschreiten.

Wir wissen noch nicht viel über das, was nun kommt, aber so, wie wir mit John gelebt, ihn gepflegt und bedingungslos geliebt haben, so wollen wir ihn auch jetzt bei jedem Schritt auf dem letzten Weg begleiten.

«Das geht auf jeden Fall», sagt Lea. Sie rät uns sogar dazu. Andererseits können wir auch sagen, wenn es uns zu viel wird, dann übernehmen ihr Vater und sie. Wir fahren zurück nach Hause, wir müssen uns überlegen, wie John bestattet werden soll. Davon hängt der Sarg ab. Ein Schritt nach dem anderen.

Reden strengt unglaublich an. Permanent klingelt das Telefon. Viele Menschen wollen herkommen, um uns beizustehen, aber wir wollen nur allein sein und sagen allen ab. Eine Freundin kommt trotzdem vorbei, um uns einen Bananenkuchen zu bringen, und als sie erst einmal da ist, möchten wir doch gerne, dass sie hereinkommt. Später das gleiche mit einem anderen Freund, den wir zufällig sehen, als er Essen vor der Tür abstellt. Die Besuche tun uns gut, obwohl wir das selbst anders eingeschätzt hatten. Vielleicht können wir im Moment einfach gar nichts einschätzen.

Abends schalte ich kurz die Nachrichten ein, aber schon fünf Minuten danach ist mir nichts mehr in Erinnerung. Mein Kopf ist ein Sieb, durch das alles hindurch fällt.

Immer wieder treibt mich der Gedanke um, dass wir nicht wissen, wie John gestorben ist. Ich bekomme in meinem Kopf nicht die Verbindung hin zwischen dem *gerade noch mit ihm telefoniert* und Scotts Anruf zwei Stunden später, dass John gestorben ist. Es ist wie eine Mauer, gegen die ich innerlich anrenne. Oder wie ein Graben, über den ich nicht hinüberzuspringen schaffe. Alle Bilder sind unzulänglich für den Zustand, in dem eine Erkenntnis einfach nicht einsickern kann.

Draußen wird es dunkel, draußen wird es hell. Für uns sind Tag und Nacht eins geworden. Wir haben kein Gefühl für die Zeit und wir wissen nicht, ob es in der Wohnung kalt oder warm ist. Wir spüren das einfach nicht. Das weiße Rauschen auf Maximallautstärke im Kopf übertüncht alles.

Warum bin ich nicht auch tot? Ich stelle mir innerlich nur wieder und wieder diese eine Frage. Als ich sie ausspreche, sagt Scott: «Das frage ich mich auch die ganze Zeit.» John ist tot und wir sind aus unerfindlichen Gründen noch hier. Körper und Geist sind sich in einer einzigen Sache einig: in der totalen Zurückweisung dessen, was aber doch wahr ist.

Vier Tage nach Johns Tod schließt sich die Staatsanwaltschaft der Einschätzung der Polizei an und gibt Johns Körper ohne Obduktion frei. Nun können wir noch selbst entscheiden, ob wir uns eine Autopsie wünschen. Könnte sie dabei helfen, Johns Tod besser zu verstehen? Was ist bloß geschehen? Wir sind natürlich auf der Suche nach Antworten. Gleichzeitig heißt es, dass SUDEP postmortal nicht nachgewiesen werden kann.

Ich mag mir nicht vorstellen, dass man Johns Körper aufschneidet und auseinandernimmt. Ich möchte, dass sein Körper so wenig wie möglich gestört wird. Es gibt dafür keine rationale Begründung, aber es ist mir ein Bedürfnis, dass John im Tod ganz bleiben darf. Vielleicht ist es der allerletzte Beschützerinstinkt. Eine Obduktion scheint mir so brutal. Die letzten Tage waren so brutal. Jetzt nicht auch noch das, denke ich.

Wir hatten im Laufe von Johns Leben viele Ärzte konsultiert, zuerst in den USA, wo John geboren wurde, und später in Deutschland. Von Beginn an war seine Erkrankung und Behinderung ein Rätsel gewesen. Der Weg durch die medizinischen Institutionen war mit Unmengen von Untersuchungen verbunden. Die Experten auf zwei Kontinenten blieben ratlos. Das hatten wir zu akzeptieren gelernt und wir haben mit John ein aufregendes und vielfältiges Leben gelebt. Was, wenn die Obduktion gar einen

Hinweis auf Behandlungsmöglichkeiten gibt, die wir nie gefunden haben? Möchte ich, dass eine neue Erklärung rückblickend alles anders aussehen lässt?

Scott und ich bewegen uns nach Johns Tod in einem Entscheidungsraum, für den wir kaum Kompetenzen spüren. Hier sind Löwen, eine unbekannte Gegend. Im Leben trifft man dauernd Entscheidungen und schließt damit die anderen möglichen Wege aus. Nur hat es eine andere Dimension, wenn es darum geht, ob am Körper unseres einzigen Kindes Schädel-, Brust- und Bauchhöhle geöffnet und die Organe zur Untersuchung herausgenommen werden sollen.

«Ich möchte das nicht», sage ich schließlich zu Scott. «Johns Leben war gut so, wie es war. Ich möchte jetzt nicht nachträglich anders darauf blicken. Eine Autopsie kann uns doch nichts Positives bringen. Das ist mir alles zu viel. Ich möchte, dass John in Ruhe gelassen wird.»

Scott wehrt sich nicht gegen meinen Wunsch. «Ich könnte es mir schon vorstellen», sagt er. «Aber andererseits bin ich auch nicht sicher, ob das eine gute Idee ist. Wir müssen das nicht machen lassen.»

Der Hauptsitz der vom Land Berlin betriebenen Krematorien liegt an der Südostallee im Bezirk Treptow-Köpenick, gar nicht weit entfernt von unserer Wohnung. Wir sind sogar schon einmal mit John dort gewesen. Als wir in der Nähe spazieren gingen, hatten wir zunächst nur einen kurzen Blick hineinwerfen wollen und uns dann aber doch näher im Gebäude umgesehen, weil John sich für die markante Eingangshalle interessierte. John hat sich Bauwerke oft intensiv angesehen, das war uns häufiger aufgefallen, zum Beispiel im Amphitheater in Nîmes, in dem er fasziniert mit uns herumgelaufen war, oder auch in der *Stadt der Künste und der Wissenschaften* in Valencia, wie auch in unzähligen Kirchen und eben auch im Krematorium in Berlin-Treptow.

Die Eingangshalle des Krematoriums steht voll von Betonsäulen mit Licht-Kapitellen, deren gedämpftes Licht von oben wie Sonnenstrahlen zwischen die Säulen fällt. Mitten im Raum befindet sich ein bodentiefes klares Wasserbecken. Das Ganze sieht aus wie ein merkwürdiger Wald aus Beton mit einem See mittendrin.

John war fasziniert zwischen den Säulen herumgegangen und hatte den ungewöhnlichen Raum sichtlich interessiert in sich aufgenommen.

Entworfen wurde das Krematorium von den Architekten Axel Schultes und Charlotte Frank, die auch das Bundeskanzleramt geschaffen haben. Die

Ähnlichkeit der beiden nahezu zeitgleich erbauten Projekte ist bemerkenswert. Sichtbeton, Metall und Glas sind an beiden Orten tonangebend. Die Quaderform des Krematoriums erinnert an den Zentralbau im Kern des Kanzleramts, in dem im Übrigen auch ähnliche Säulenelemente zu finden sind. Im Krematorium wie im Kanzleramt wird mit einem speziellen Grünton gearbeitet, dem sogenannten Porsche-Grün, das fast türkis wirkt. Besonders fällt die metallene Spezialfarbe an Lamellen vor den Fenstern auf. Im Krematorium finden sich diese türkis-grünen Jalousien im Raum für Trauerfeiern, im Kanzleramt zum Beispiel im Internationalen Konferenzsaal.

Die Ähnlichkeit der beiden Gebäude erinnert mich an das Fuhrunternehmen am Richardplatz. In einer Remise steht dort eine große, alte Hochzeitskutsche. Auch dort liegen Leben und Tod nah beieinander. Tatsächlich überschneiden sich ja auch die Bedürfnisse und Anforderungen an die Räumlichkeiten. Ob Trauerfeier oder Konferenz, ob Hochzeit oder Bestattung, es sind alles Ereignisse, bei denen viele Personen für einen gemeinsamen Anlass zusammenkommen. Dass in Berlin aber der Regierungssitz so viel Ähnlichkeit mit dem Krematorium hat, oder auch umgekehrt das Krematorium mit dem Regierungssitz, ist schon eine spezielle Idiosynkrasie dieser Stadt.

Das Krematorium Baumschulenweg hat drei Kremationsöfen, an denen im Drei-Schicht-Betrieb fünf Tage in der Woche gearbeitet wird, insgesamt gibt es dort ungefähr 10.000 Einäscherungen im Jahr. Im Gebäude befindet sich ein Kühllager für 628 Särge.

10.000 Einäscherungen im Jahr. Über 600 Särge. Die Dimensionen scheinen mir viel zu groß für uns. Auch wenn wir mit John dort gewesen sind und damit eine Verbindung zwischen uns Dreien und dem Krematorium besteht, stößt mich die Kälte ab, die der Ort für mich ausstrahlt. Es ist mir alles zu groß und zu unpersönlich.

Wie soll man einen Menschen bestatten? Das ist keine leicht zu beantwortende Frage, die zudem, wie wir erst jetzt merken, tatsächlich schon vor der Wahl des Krematoriums beginnt. Denn möchten wir Johns Körper überhaupt einäschern lassen?

Bei einer Feuerbestattung wird der Körper bei 850 °C in mehreren Stufen in verschiedenen Kammern eines Industrieofens verbrannt. Dabei gehen 95% der Materie als gasförmiger Zustand in die Luft. 5% Mineralien bleiben übrig, die Knochen, die daraufhin in einer Mühle zermahlen werden und das bilden, was wir Asche nennen, und was ich allein wegen des Wortes bisher auch als Asche angesehen hatte, was aber, wie sich herausstellt, in Wahrheit gemahlene Knochen sind, also eine Art Sand.

Der Körper wird durch die Verbrennung innerhalb von einer Stunde aufgelöst. Bei dem Prozess werden auch Giftstoffe freigesetzt. Die Schadstoffbelastung entspricht ungefähr zwei Langstreckenflügen. Die meisten Giftstoffe werden von Filtersystemen aufgefangen und als Sondermüll entsorgt.

Was eine Erdbestattung betrifft, habe ich diese unangenehme Vorstellung im Kopf, dass der Körper unter der Erde von Würmern zerfressen wird. Im Internet finde ich dazu nicht viel, also rufe ich Lea an. Sie sagt, das mit den hineinkriechenden Würmern sei eine weit verbreitete, aber falsche Vorstellung. Der Sarg liege für Würmer zu tief. Vielmehr verdaue sich der Körper mit dem, was schon in ihm ist.

Lea kommt uns mit Denkanstößen zu Hilfe. «Bei einer Kremation wird der Körper an die Elemente Feuer und Luft gegeben, bei der Erdbestattung an Erde und Wasser. Ihr könntet überlegen, was gut zu John passt», schlägt sie vor.

Zum Wasser haben wir sofort Assoziationen. Aus Schwimmbecken, Badeseen oder auch aus der Badewanne konnten wir John vor Begeisterung oft kaum herausbekommen. Zur Erde fällt uns spontan ein, wie gerne John draußen auf dem Boden saß und Erde durch seine Hände rieseln ließ. Er war überhaupt so gerne draußen gewesen. Wir konnten mit ihm stundenlang durch die Natur streunen, und haben das bei unseren gemeinsamen Reisen durch Europa auch jahrelang getan. Er gehört eher zu Erde und Wasser, denken wir, in die Natur. So gesehen deutet alles in die Richtung einer Erdbestattung.

Wenn John so ein kurzes Leben hatte, kommt uns noch in den Sinn, wenn er nur 15 Jahre alt werden durfte, sollte er wenigstens im Gehen alle Zeit der Welt haben. Nicht innerhalb von einer Stunde verbrannt werden. Wie sinnlos sich das einerseits anhört, denn immerhin, John lebt nicht mehr, warum sollte es eine Rolle spielen, wie viel Zeit sein toter Körper nun zur Auflösung bekommt? Es ist kein rationales Argument, wir fühlen uns durch die Welt. Das ist im Moment die einzige Möglichkeit, mit all den Fragen und Entscheidungen umzugehen.

9

Am Montagnachmittag stehe ich am Küchenfenster und blicke auf die Straße. John ist immer um kurz vor fünf aus der Schule gekommen. Über Jahre hinweg war unser Leben so getaktet, dass wir am Küchenfenster standen und hinausgingen, wenn der Bus kam, um John vor der Haustür in Empfang zu nehmen.

Morgens hatte ich zuerst das Busunternehmen und danach die Schule angerufen, um ihnen von Johns Tod zu berichten. Niemand hat das erwartet, daher jedes Mal, mit jedem Telefonat erneut die Wucht der Nachricht und der Rückprall des Entsetzens. Es ist schwer, das wieder und wieder zu durchleben.

Jetzt stehe ich am Küchenfenster, es ist viertel vor fünf, dann fünf, halb sechs, kein Schulbus. Ich denke, der Bus müsste doch wenigstens vorbeifahren. Aber das stimmt gar nicht, er ist immer nur für John in unsere Straße eingebogen.

Ich erinnere mich daran, wie wir ein Jahr vor Johns Tod in den Osterferien in Südengland Urlaub gemacht haben. Wir hatten ein Ferienhaus auf dem Land gemietet und haben von dort aus jeden Tag Ausflüge unternommen. In Bournemouth waren wir zunächst am Strand spazieren gegangen, das hatte John gefallen, und danach hatten wir ihn überredet, ein wenig durch die Stadt zu gehen. John war 14 und Spazierengehen ohne Wasser nebendran stand ziemlich weit unten auf seiner Prioritätenliste.

«Wir gucken mal, ob wir ein Eis oder etwas Süßes für dich finden», hatte ich ihn zu locken versucht. «Sobald wir was sehen, kaufen wir dir was, okay?»

Er machte mit und lief eine Weile nicht gerade begeistert, aber auch nicht ablehnend neben uns her. In der Ecke der Stadt, in der wir zufällig herumliefen, gab es allerdings kaum Geschäfte. John wurde ungeduldiger, sein Lautieren klang genervter und sein Gesichtsausdruck verdüsterte sich.

«Schatz, wir kennen uns hier auch nicht aus», versuchte ich zu erklären. «Wir suchen ja schon.»

Das beruhigte ihn nicht. Für Argumente war er in Bezug auf Eis oder Süßigkeiten nicht zu haben. Wir bogen um die nächste Ecke und John sah sofort, was auch wir sahen: weit und breit keine Schilder, die auf einen Kiosk oder etwas ähnliches deuteten.

Wir standen neben einem Haus, das gerade renoviert wurde. Das Gerüst vor dem Haus war mit Planen abgehängt, so konnten wir niemanden sehen. Aber hinter der Plane mussten Menschen sein, denn plötzlich fing jemand an, etwas zu schleifen. Ein durchdringender und unangenehmer Ton, der das Fass für John zum Überlaufen brachte. Er schrie so laut auf, dass es einem durch Mark und Bein ging.

Das Schleifgeräusch brach mitten in Johns Schrei ab und wir hörten die Stimme eines älteren Mannes rufen: « Bist du verletzt, Jeff? JEEEFFREYYYYY!»

Der Ruf ging einem ebenfalls durch Mark und Bein. Der ältere Mann hatte vermutlich Johns Schreien fehlinterpretiert. Bevor wir aber reagieren konnten, rief eine jung klingende Stimme zurück: «Dad, alles okay, mir ist nichts passiert!»

John hatte einem Vater einen gehörigen Schrecken eingejagt. «Entschuldigung, das war unser Sohn!», rief Scott die Plane hoch.

Wie man sich als Eltern unaufhörlich Sorgen macht. Und wie sich diese fast immer als überflüssig erweisen. Bis zu dem Tag, an dem sie es nicht sind. Bis zu dem Tag, an dem etwas passiert, wovor man schon hundert oder tausend Mal Angst hatte. Und ab dem dann kein Bus mehr um die Ecke kommt.

10

In Deutschland sterben jedes Jahr über 900.000 Menschen, knapp 2.500 pro Tag, darunter im Jahr über 1.000 Kinder und Jugendliche, mehr als drei am Tag. Ich sehe mir diese Zahlen an, als ob sie mir irgendetwas sagen könnten. Die Botschaft: Wir stehen mit unserem Schicksal nicht allein da. Was uns passiert ist, geschieht ständig.

In Deutschland leben allerdings auch 14 Millionen junge Menschen im Alter von 12 bis 27 Jahren. Diese Zahl setzt die anderen in ein neues Verhältnis. Umbrüche und Ausnahmesituationen ereignen sich in jedem Leben, der Tod eines Kindes aber ist im Verhältnis gesehen, zum Glück für die anderen, dennoch nichts Übliches.

Die Zahlen sind nur das: Zahlen. Rahmen und Parameter. Die Toten werden registriert und in Statistiken aufgeführt. Statistiken, die der Beobachtung von Entwicklungen der öffentlichen Gesundheit und der Demografie dienen.

Ich denke daran, wie der Kinderarzt in den U-Untersuchungen die Perzentile von Johns Körpergröße und seinen Kopfumfang gemessen hat. Der Neurologe protokollierte bei der Messung der Hirnströme mittels Elektroenzephalografie die hochamplitudigen Aktivitäten in den Kurven der Epilepsie. Kurz zusammengefasst gab es in Johns Leben schon immer viele Zahlen und Daten und wenig Hilfe.

In Zahlen darf man keinen emotionalen Widerhall des Verlustes suchen. Der Tod ist, wie vieles andere im Leben, eine gewöhnliche Erfahrung, die sich für den Einzelnen außergewöhnlich darstellt.

11

Mitten in Berlin liegt die Halbinsel Alt-Stralau, an deren Spitze es einen kleinen Friedhof gibt, der vom Wasser der Spree umgeben ist. Das dürfte der perfekte Ort für die Beisetzung sein, denken wir. Dort sind wir häufiger mit John spazieren gegangen und wir wohnen nicht weit entfernt.

Wir fahren hin, um uns nach einer Grabstelle umzusehen, aber als wir ankommen, merken wir sofort, dass es doch nicht der richtige Ort für uns ist. Wir können nicht sagen, warum, aber es fühlt sich nicht passend an.

Früher haben wir in der Nähe der Ackerstraße in Mitte gewohnt und sind mit John auch oft auf dem dortigen Friedhof spazieren gegangen. Also fahren wir zur Ackerstraße, doch auch dort merken wir schnell, dass es sich nicht gut anfühlt. Machen wir das überhaupt richtig? Wie soll es sich denn anfühlen? Kann sich überhaupt irgendein Ort passend anfühlen zum Beerdigen seines Kindes?

Wir fahren zu mehreren Friedhöfen und ich verliere schon fast die Hoffnung, als wir zum Alten Luisenstädtischen Friedhof kommen, einem Naturfriedhof am Südstern in Kreuzberg. Binnen Minuten wissen wir: Hier ist es. Hier fühlt es sich genau richtig an.

Wir gehen über das ausgedehnte Friedhofsgelände spazieren und suchen nach einem guten Platz für das Grab. Wir finden eine Stelle im hinteren Teil des Friedhofs. Der Weg führt über einen kleinen

Hügel, laut Wikipedia ehemals ein unfruchtbarer Weinberg, an einer Engelstatue vorbei auf ein Mausoleum zu. Auf halbem Weg zwischen der Statue und dem Mausoleum liegt rechts eine Lichtung, auf die die Morgensonne scheint. Das ist der richtige Platz für unser Grab. Wir sind unglaublich erleichtert, ihn gefunden zu haben.

12

Die Medizin weiß wenig über die Gründe für das Auftreten von SUDEP, diesem plötzlichen und unerwarteten Tod bei Epilepsie, an dem John gestorben ist. Eine recht groß angelegte Studie kam zu dem Schluss, dass der Tod meistens innerhalb von drei Minuten nach einem Krampfanfall eintritt. Der Anfall ist also schon vorbei und es kommt aus bisher ungeklärten Gründen zu einem Stillstand der Gehirnfunktionen und entsprechend einem sofortigen Herz- und Atemstillstand. In den meisten Fällen sind die Personen allein, wenn dies passiert. Aber auch in den Fällen, in denen jemand bei ihnen war, scheiterten die Wiederbelebungsversuche. Der Stillstand ist anscheinend schnell und vollumfänglich.

Wir waren knapp zwei Monate vor Johns Tod noch mit ihm im Epilepsiezentrum gewesen. Sein EEG, die Messung der Hirnströme, war schlecht ausgefallen, es hieß, wir müssten uns auf neue Krampfanfälle einstellen. Über die Möglichkeit eines plötzlichen Todes hatte der Neurologe aber nichts gesagt. Das Wort SUDEP fiel nicht.

Ich weiß nicht, ob es uns geholfen hätte, wenn wir darüber gesprochen hätten. Es gibt vorher keine Anzeichen und daher keine Vorbeugung. Die Aufklärung würde keine konkreten Handlungsoptionen eröffnen. Sie würde aber sicher enorm sorgen und ängstigen. In den allermeisten Fällen unnötig, denn im Großen und Ganzen ist SUDEP ein seltenes

Phänomen. Da wird es für jeden Neurologen eine schwierige Abwägung sein, ob und was er mit den Angehörigen bespricht.

Ein paar Wochen später hätten wir einen Folgetermin zur weiteren Abklärung gehabt, doch den hat John nicht mehr erlebt.

In Deutschland werden die Todesfälle von SUDEP nicht statistisch erfasst, so dass man nicht weiß, wie viele Menschen daran sterben. In den USA wird ein SUDEP-Register geführt, um mehr Erkenntnisse über das Phänomen zu sammeln. Wir füllen online einen Fragebogen aus und tragen John, der neben der deutschen auch die US-amerikanische Staatsbürgerschaft hatte, in das Register ein.

13

Zwei Tage nachdem wir John mit Hilfe unserer Bestatter in den Sarg gelegt haben, fahren wir zu einer ersten Abschiednahme zurück zum Richardplatz. John ist jetzt seit sechs Tagen tot. Leas Vater wartet auf uns, er hat Johns Leichnam schon in den Abschiedsraum bringen lassen. Scott und ich haben Bücher und Fotos mitgebracht, um den fremden Raum persönlicher zu gestalten.

Wir sind zunächst mit John allein. Auf den ersten Blick sieht er noch genauso aus wie vor zwei Tagen und fühlt sich auch noch so an. Fest und kompakt irgendwie, ohne die Körperspannung. Je länger ich Johns Gesicht betrachte, umso mehr denke ich aber, dass es vielleicht doch ein wenig wächserner glänzt als vorgestern. Es entfernt sich weiter vom lebendigen Ausdruck.

Wir fotografieren John. Wir wissen nicht, ob wir uns diese Bilder werden ansehen wollen, aber wir möchten sie gerne zumindest haben.

Ich habe eine dünnere Decke mitgebracht, denn im Nachhinein kam mir die Bettdecke zu dick vor, die ich vor zwei Tagen zur Totenfürsorge mitgebracht hatte. Doch als ich jetzt versuche, die Decke anzuheben, merke ich, dass das nicht so einfach gehen wird. Wir müssten Johns Körper erheblich bewegen, und das widerstrebt mir. Ich möchte die Totenruhe nicht stören, denke ich, und gleich danach: *Totenruhe*, was bedeutet das eigentlich? Woher einem solche Begriffe und Wahrnehmungen zufliegen. Aber es ist mein deutliches Gefühl, dass Johns Körper in Ruhe gelassen werden soll. Also kein Deckentausch.

Meine Eltern sind am Vortag in Berlin angekommen und nach einer halben Stunde, die wir allein mit John verbringen, kommen sie dazu. Der Priester spendet John den letzten Segen. Nach und nach kommen Freunde, Einzelfallhelfer, Schulhelfer. Ich bin nervös, kann nicht ruhig sitzen, bin aber froh, bei Johns Körper zu sein und freue mich über alle, die sich verabschieden möchten. Insgesamt verbringen Scott und ich drei Stunden mit John, mit wechselnden Menschen um uns herum. John heute ein zweites Mal und für längere Zeit zu sehen, hilft weiter dabei, die Realität besser zu begreifen.

Es setzt auch etwas in uns in Gang. In den Tagen zuvor war es mir schwergefallen, in Johns Zimmer zu gehen. Es war zu überwältigend. Nachdem wir John nun aber noch einmal gesehen und mehrere Stunden bei seinem toten Körper verbracht haben, kann ich zu Hause wieder in sein Zimmer gehen. Ich wische den Fleck auf dem Boden auf.

Wir haben noch eine Flasche Sekt zu Hause. Ich hole zwei Gläser dazu, wir setzen uns in Johns Zimmer auf den Boden und erzählen uns bis in die Nacht hinein Geschichten aus seinem Leben. In den Tagen zuvor konnte ich mir nur zwei, maximal drei Fotos ansehen, dann war ich so geschafft, dass ich sie weglegen musste. Jetzt gucken wir uns die Alben aus allen Lebensjahren an. Wir fühlen uns John nah, in diesem

Moment, aufgehoben. Ohne zu wissen, wie das überhaupt gehen kann, nehmen wir es dankbar an.

14

Zehn Tage nach Johns Tod fahren wir gemeinsam mit meinen Eltern nach Fürstenwalde. Jeden Tag ist John diese Strecke zur Burgdorf-Schule hin- und zurückgefahren, meistens mit dem Schulbus, manchmal auch mit Scott und mir.

Wir sind zur Trauerfeier in der Schule eingeladen und an der Menge von Menschen, die sich in der Kapelle versammelt haben, wird mir noch einmal bewusst, wie viele Menschen durch Johns Tod erschüttert wurden. Die Trauer gehört uns nicht allein.

Fotos von John aus den letzten sechs Schuljahren werden an die Wand projiziert. Schüler und Lehrer kommen nach vorne und legen selbstgemalte Bilder, Texte, Briefe und Kerzen in einen Korb, den wir am Ende der Feier mitnehmen dürfen. Zu Hause breiten wir alles auf Johns Bett aus und lesen die Briefe. Wir sind dankbar, dass John in dieser Förderschule einen so guten Ort gefunden hatte.

Eine Sonderschule für Kinder mit geistigen Behinderungen – und Johns Mitschülerin schreibt: «Du gingst ganz leis, Seele aus Licht, schmetterlingsleicht, denken wir alle an Dich.»

15

Die letzte Abschiednahme findet am Tag vor der Beerdigung statt. John ist jetzt schon seit knapp zwei Wochen tot. Scotts Familie ist aus den USA eingeflogen und mein Bruder ist mit seiner Familie aus Norddeutschland eingetroffen. Nun sollen auch sie noch die Gelegenheit haben, sich von John zu verabschieden. Nicht alle möchten John noch einmal sehen. Diejenigen, die nicht mitkommen möchten, warten in einem Café am Platz.

Lea schlägt vor, dass sie sich John zuerst ansieht und uns dann sagt, ob sie einen offenen Sarg noch empfiehlt. Immerhin ist John schon seit zwei Wochen tot. Ich bin erleichtert, als sie mit positivem Feedback zurückkommt.

Zuerst gehen wieder Scott und ich allein in den Abschiedsraum. John sieht immer noch sehr friedlich aus. Sein Körper hat sich gemütlicher gebettet, der Kopf ruht mehr zur linken Seite. Wir rufen die anderen, sie kommen herein und machen sich mit der Situation vertraut.

Die Kinder meines Bruders sind elf, neun und fünf Jahre alt. Sie wollen alle Drei mit hineinkommen. Der Neunjährige hat für John ein Holzkreuz geschnitzt und legt es vorsichtig in den Sarg. Die Kinder laufen irgendwann nach draußen. Lea zeigt ihnen die Kaninchen auf dem Hof und sie hat Möhren mitgebracht. Als ich dazukomme, füttern die Kinder gerade die Kaninchen und stellen Lea Fragen: «Warum fühlt

John sich so kalt an?», höre ich, und wie Lea erklärt: «Das könnt ihr euch vielleicht wie bei Lebensmitteln vorstellen, wie Milch, die man im Kühlschrank aufbewahrt, damit sie länger hält. So gibt es hier für die Körper auch große Kühlschränke.»

Ich lasse die Kinder mit Lea allein, damit sie ihr möglichst unbefangen Fragen stellen können. Als sie später noch einmal in den Abschiedsraum kommen, gehen sie wie selbstverständlich mit der Situation um. Die Zurückhaltung ist ganz von ihnen abgefallen. Die Dinge, die sie für John mitgebracht und in den Sarg gelegt haben, arrangieren sie jetzt selbstbewusst noch einmal um. Sie streicheln Johns Gesicht, drücken seine Hand.

Scott und ich bekommen noch einmal die Möglichkeit, für einige Minuten mit John allein zu sein. Als wir die anderen wieder hereinholen, ist er wirklich da, der letzte Anblick. Gemeinsam mit unseren Familien heben wir den Deckel auf den Sarg und drehen die sechs Schrauben ein.

16

Bevor wir am nächsten Morgen zur Beerdigung fahren, rufe ich meinen Bruder in der Ferienwohnung an. «Wie war denn die Nacht?», frage ich. «Ich hab ein bisschen Angst, dass die Kinder vielleicht Albträume hatten. Sind wir zu offen mit dem Tod umgegangen?»

«Nein gar nicht», sagt mein Bruder. «Sie haben gegessen und sind dann sogar ziemlich früh ins Bett gegangen. Sie haben die Nacht tief und fest durchgeschlafen.» So natürlich war es wohl für sie. Das soll mir für diesen Tag ein Leitbild sein.

Als wir von der Kapelle über den ehemaligen Weinberg hinter dem Sarg zum Grab gehen, läuten die Glocken. Zwei Eichhörnchen jagen sich um einen Baum herum. Garantiert hätte John das sofort bemerkt und beobachtet. Ich denke, es hätte ihm gefallen.

Der Moment, als der Sarg in den Boden gelassen wird, ist nicht so schlimm, wie ich befürchtet hatte. Er reiht sich vielmehr unerwartet fließend in die Erfahrungen der letzten beiden Wochen ein. Schritt für Schritt sind wir gegangen, immer näher an diesen Augenblick heran, und ähnlich wie bei den Kindern hat sich dabei eine Art Natürlichkeit eingestellt. Dies ist der logische Endpunkt und wir können diesen Schritt gehen, so, wie wir auch die zuvor in den letzten beiden Wochen gegangen sind. Uns ist schmerzlich bewusst gewesen, dass wir John danach nie wiedersehen. Ein Zeitfenster, das niemals wiedergebracht werden kann, eine unglaublich kostbare Zeit. Wir sind bewusst durch sie hindurch gegangen, wir haben uns vorbereitet, und hierhin mündet der Weg.

Es war uns ein großes Bedürfnis, John einen schönen Abschied zu geben. Wir haben auf einer Sperrholzplatte eine große Fotocollage erstellt, auf der John mit vielen seiner Bezugspersonen zu sehen ist. Im Anschluss an die Beerdigung haben wir zwei Räume im angrenzenden Friedhofscafé gemietet, das in der ehemaligen Aufbahrungshalle untergebracht ist. Es sind Freunde und Familienangehörige aus ganz Deutschland und aus den USA gekommen. Wir haben Schnittchen, Apfelstreusel- und Käsekuchen bestellt und verbringen zwei sehr schöne Stunden gemeinsam mit unseren Gästen.

Später gehen wir noch einmal zum Grab. Oben auf dem Erdhügel stehen unsere Blumen. Wir hatten der Floristin einige laminierte Bildkarten gebracht, mit denen John als Sprachersatz kommunizieren lernen sollte. Die Floristin hat die für ihn wichtigsten Karten – Rausgehen, Einkaufen, Ausflug und Schwimmen – in ein Gesteck von bunten Wiesenblumen eingearbeitet und so ist es ein richtiger Johnstrauß geworden.

Am Abend treffen wir unsere Familienmitglieder aus den USA. Sie sind so weit gereist, um hier zu sein, aber ich fühle mich innerlich zu unruhig für Gesellschaft. Ich habe das Gefühl, zu Hause den wartenden Babysitter ablösen zu müssen. Was für ein Impuls schon wieder. So schnell kommt es im Kopf gar nicht an, dass wir nun auch keinen Babysitter mehr im

Haus haben. Die Gegenwart bleibt nicht haften, die Vergangenheit hat die Oberhand. Wir verabschieden uns früh. Zu Hause ist Nichts, aber es zieht uns mit großer Kraft dorthin zurück.

17

In den Tagen und Wochen nach Johns Tod hören wir, besonders oft von anderen Eltern, immer wieder Sätze, die seinen Tod einzuordnen versuchen, etwa: «John hatte ja aber auch eine schwere Behinderung.»

Ich verstehe, dass man sich ein so schreckliches Ereignis wie den Tod eines Kindes gerne irgendwie erklären möchte, und John hatte tatsächlich ernste gesundheitliche Probleme. Von Tod aber war nie die Rede. So leicht, wie es sich einige machen möchten, lässt sich Johns Sterben nicht durch die Umstände seines Lebens erklären.

«John hatte ja aber auch eine schwere Behinderung.» Was soll das heißen? Wird Johns Tod durch die Behinderung irgendwie gerechtfertigt? Nein. Ist er dadurch leichter zu ertragen? Nein. Weniger überraschend? Auch nicht. Ich erkenne nicht, was der Satz uns Hilfreiches sagen könnte. Eher habe ich das Gefühl, dass er denjenigen, die ihn sagen, als eine Art Rückversicherung dient. Man impliziert – vielleicht auch unbewusst – für sich selbst, dass einem das schon nicht passieren wird, wenn das eigene Kind keine chronische Erkrankung oder Behinderung hat.

Der Satz nimmt eine Abgrenzung vor. Auf ein Anderssein abzuheben, dient im Kern oft dazu, die eigene Position nicht zu den Erfahrungen einer anderen Person in Beziehung setzen zu müssen. Indem man die Verschiedenheit betont, schiebt man den anderen von sich weg. Das derart gewonnene

Sicherheitsgefühl ist allerdings trügerisch. In Deutschland leben fast acht Millionen Menschen mit einer Schwerbehinderung, das sind nahezu 10% der Bevölkerung. Von diesen Behinderungen sind nur 4% angeboren oder im ersten Lebensjahr erworben. Das heißt, 96% werden postnatal erworben, durch Unfälle und Krankheiten, die jedem passieren können.

Der Wunsch nach Erklärung und Einordnung ist verständlich. Ich nehme es niemandem übel. Aber Johns Behinderung war wirklich nur ein Aspekt unter vielen in seiner Persönlichkeit und in seinem Leben. Unser Kind ist gestorben und das ist schlimm. Was uns passiert ist, kann im Grunde jedem passieren. Dass es das in den meisten Fällen nicht tut, ist pures Glück.

John hatte ja aber auch eine schwere Behinderung. Ich wünsche mir in den Tagen und Wochen nach Johns Tod jedes Mal, wenn ich diesen oder ähnliche Sätze höre, die anderen würden ihr Glück einfach anerkennen können. Beziehungsweise unser Unglück, ohne den Drang zum Relativieren.

18

Vier Wochen nach Johns Tod. Auf dem Konto ist das Kindergeld eingetroffen. Ein kleiner Schock, *Kindergeld*. Ich habe gar kein Kind mehr, ein Nadelstich ins Herz. Ich hatte gedacht, das Kindergeld werde nach dem Ausstellen der Sterbeurkunde vom Standesamt automatisch storniert. Woher ich diese Vermutung habe, vermag ich nicht mehr nachzuvollziehen. Vielleicht habe ich mir diese Information nur eingebildet, mein Verstand ist im Moment nicht gerade zuverlässig. Offensichtlich jedenfalls wurde die Kindergeldstelle nicht informiert. Also rufe ich dort an und erkläre mein Anliegen. Es ist jedes Mal wieder so schwer, diese Worte auszusprechen: «Mein Sohn ist gestorben.»

Nach dem einen Satz bin ich erschöpft und würde am liebsten auflegen.

Die Sachbearbeiterin ist verärgert: «Ja, und da melden Sie sich jetzt erst? Das müssen Sie doch sofort angeben! Jetzt haben wir Ihnen in der Zwischenzeit noch einmal das Kindergeld überwiesen. Das können Sie jetzt nicht einfach behalten, das müssen Sie zurückzahlen. Ich hoffe, das ist Ihnen klar! Und zwar so schnell wie möglich. Da muss ich für Sie jetzt extra einen Bescheid erstellen!»

Ich habe ihr lästige Mehrarbeit verursacht. Sie hat mir noch nicht einmal ihre Anteilnahme ausgesprochen. Selbst wenn das nur eine Höflichkeitsfloskel gewesen wäre, hätte ich sie doch gerne gehört. *Mein*

Kind ist gestorben. Hat sie das nicht verstanden? Ich lege weinend auf.

Kurz darauf fällt mir ein, dass ich neben dem Kindergeld auch Johns Behindertenparkplatz vor dem Haus noch nicht gekündigt habe. Wahrscheinlich bin ich damit auch schon viel zu spät dran. Ich fasse mir also erneut ein Herz und rufe bei der zuständigen Sachbearbeiterin im Straßenverkehrsamt an. Wieder muss ich den Satz sagen: «Mein Sohn ist gestorben.»

Die Frau spricht mir ihre Anteilnahme aus und ich bin dankbar dafür. Sie erklärt freundlich das weitere Prozedere. Zum Ende des Gesprächs sagt sie: «Wie lange es genau dauert, bis wir das Schild und die Markierung entfernen können, weiß ich nicht. Vielleicht sechs Wochen. In dieser Zeit darf der Wagen nicht mehr auf dem Parkplatz stehen. Ich hoffe, Sie haben da jetzt nicht seit dem Tod Ihres Sohnes noch die ganze Zeit geparkt. Es dürfte ja klar sein, dass das nicht erlaubt ist.»

Ich bin verdutzt und entgegne: «Oh. Daran habe ich, ehrlich gesagt, noch gar nicht gedacht. Aber wenn das jetzt noch sechs Wochen dauert, steht ja die ganze Zeit ein Parkplatz leer. Es gibt bei uns nicht so viele Parkplätze, und die Nachbarn kennen alle unser Auto. Ich glaube nicht, dass sie es gut finden, wenn wir einen anderen Parkplatz besetzen und der alte dabei leer steht. Dann blockieren wir doch zwei Plätze. Wäre es nicht sinnvoller, wenn wir noch so lange auf unserem alten Platz stehen, bis das Schild und die Markierung weg sind?»

Für diese Frage hat die Sachbearbeiterin kein Verständnis: «Ich habe Ihnen doch gerade erklärt, dass Sie dort nicht parken dürfen. Und ich sage es noch einmal ganz deutlich: Der Platz war für Ihren Sohn. Jetzt, wo er gestorben ist, haben Sie kein Anrecht mehr darauf. Um dort überhaupt zu parken, ohne einen Strafzettel zu riskieren, müssten Sie ja den Parkausweis Ihres Sohnes an die Windschutzscheibe legen. Das wäre sogar Urkundenmissbrauch.»

Ich lege wieder weinend auf. Bin ich verrückt geworden? Ich wollte mich nur den Nachbarn gegenüber rücksichtsvoll verhalten.

Die beiden Frauen haben mich unverhältnismäßig erschüttert. Welchen Unterschied soll es machen, ob mir gänzlich unbekannte Sachbearbeiterinnen in einem Amt ihre Anteilnahme aussprechen oder freundlich zu mir sind? Es müsste mir doch egal sein, denke ich, ich kenne diese Frauen nicht, ich habe sie noch nie gesehen und ich werde sie auch niemals treffen. Auf dem Weg zum Verstehen brauchen wir aber im Moment offenbar von außen jede Hilfe, die wir bekommen können. Selbst die von unbekannten Sachbearbeiterinnen.

19

Was hat es überhaupt damit auf sich, dass Trauer geteilt – und mitgeteilt – werden möchte? Nach Johns Tod hatte ich das Bedürfnis, unsere Familien und Freunde schnell zu informieren. Es war fast wie nach der Geburt. Da hatte ich allen auch sofort mitteilen wollen, dass dieser neue Mensch auf der Welt ist. Nun wollte ich ihnen ähnlich dringend sagen, dass er nicht mehr da ist.

Ob Geburt oder Tod, in beiden Fällen hat sich in der eigenen Wahrnehmung die Welt in einer schier unbegreiflichen Intensität verändert. Die Gefühle sind überwältigend. Das zu teilen, ist ein soziales Bedürfnis. Familie und Freunde sollen wissen, was passiert ist. Es ist recht einfach und ich stelle es nicht in Frage, aber das Ausmaß, in dem ich diesen Ausdruckswunsch erlebe, finde ich doch beträchtlich.

Ich suche sogar ein schönes Bild von John heraus, schreibe darunter eine Nachricht über seinen Tod und hänge die Notiz mit dem Bild im Hausflur auf. Die Nachbarn wundern sich sonst bestimmt, wenn sie John nicht mehr sehen und hören, denke ich. Es dauert nicht lange, bis es an der Wohnungstür klingelt und die ersten Nachbarn kommen, um uns ihr Mitgefühl auszusprechen. Es tut gut, mit ihnen zu reden. Abends bemerken wir vom Wohnzimmerfenster ein Licht auf unserer Terrasse. Ein Nachbar hat dort eine Kerze aufgestellt. Sie wirkt ähnlich beruhigend wie

die Kerze, die Lea bei unserem ersten Treffen ange-
zündet hat.

Noch nie bin ich so abhängig von den Menschen
um mich herum gewesen. Die Karten und Briefe, die
wir bekommen haben, stehen aufgeklappt auf dem
Esstisch und wir lesen sie immer wieder. In der Anteilnahme und Unterstützung liegt etwas Hilfreiches,
ohne dass ich es genauer benennen könnte. Vielleicht
ist es eine Art Gegengewicht zu unserer Sprachlosigkeit.

*Und wir, immer noch gierig auf den Aschegeschmack der
Worte. Immer noch nicht, was uns anstünde, stumm.*
Christa Wolf.

20

Fünf Wochen nach Johns Tod frühstücken wir das erste Mal wieder am Esstisch. Das Monumentale daran, sich ohne ihn an diesen Tisch zu setzen. Die Schwerstarbeit frisch verwaister Eltern. Setzen wir uns an den Tisch, haben wir kapituliert und akzeptiert: am Tisch von nun an immer ohne John.

Der Schock der ersten Tage weicht dem Verstehen. Die Wucht ist eine ähnliche. Das eine wie das andere hämmert unablässig auf die Seele ein, aber auch für den Körper ist es anstrengend.

In unserer Pflegesituation haben wir John bis zum Schluss die Haare gewaschen, die Zähne geputzt, ihn angezogen und nachts auch noch gewickelt. All diese Tätigkeiten sind von einem Moment zum anderen aus unserem Leben verschwunden.

John war nicht verkehrssicher, und so haben wir ihn draußen immer an der Hand gehalten. Beim Gehen hat er sich gerne an meine Schulter gehängt. Wir mussten ihn immer lenken und waren daher an ihn geknüpft, permanent im Körperkontakt. Weil John sich nicht sprachlich mitteilen konnte, ging seine ganze Kommunikation über den Körper, radikal. Bei einem so riesengroßen Jungen hat das natürlich eine enorme Kraft in sich gehabt.

Jetzt ist er nicht mehr da und meine Hände fühlen sich leer an, meine Arme tragen nichts mehr. Wir gehen im Wortsinn unbeschwert durch den Tag. Keiner hängt an meiner Schulter, keiner muss gewaschen,

angezogen und gewickelt werden. Im Wortsinn unbeschwert, die Tage stehen offen, keine Verantwortung mehr, aber dennoch nie wieder unbeschwert,
weil John für immer fehlt, seine Persönlichkeit, seine
ungestüme Energie, sein Humor, seine unverwech-
selbare Sicht auf die Welt.

Die Erschöpfung wird spürbarer. Ich kann zwölf
Stunden schlafen und immer noch müde aufwachen.
Manchmal tut mir alles weh, es fühlt sich an wie Mus-
kelkater, in allen Gliedern, aber ganz ohne Sport. Wir
fischen büschelweise Haare aus dem Badewannenab-
lauf. Verwunderlich, dass wir überhaupt noch welche
auf dem Kopf haben.

Was uns hilft, sind Bewegung und Beschäftigung.
Wir fahren jeden Tag mit dem Fahrrad zum Friedhof,
oft sogar zweimal am Tag. Das strukturiert unsere
Tage und die Bewegung tut uns gut, wie auch die Beschäftigung mit handwerklichen Tätigkeiten. Ich ba-
cke Brot, wir gärtnern auf dem Friedhof und versor-
gen auch das Gebiet rund um Johns Grab mit. Auf
dem Nachhauseweg gehen wir einkaufen, abends kochen wir zusammen. Die Tage haben einen Inhalt,
was dafür sorgt, dass wir morgens einen Grund zum
Aufstehen haben. Die Struktur haben wir zwar extra
zu diesem Zweck erfunden, der Grund ist künstlich
konstruiert, irgendwie ein sinnloser Zirkelschluss,
aber es funktioniert einigermaßen. An der Trauer ändert es grundsätzlich wenig, aber sie wird dadurch
ein bisschen aushaltbarer. Das ist im Moment alles,
was wir erwarten können.

Die Beruhigungsmedikamente, die uns der Hausarzt verschrieben hat, liegen noch unberührt im Medizinschrank. An Johns Grab legt sich unsere innere Anspannung. Mir ist bewusst, dass Johns Körper nur noch eine Hülle war. Dennoch fühle ich eine starke Verbundenheit zu diesem Ort, an dem er begraben ist. Es liegt tatsächlich ein Gefühl von Zuhause darin, es ist eine Ruhestätte.

Wie sollen wir von Drei wieder zurückfinden zu Zwei? Wie können wir ohne unser Kind weiterleben? Wir haben keine Antworten auf diese Fragen und das macht uns unruhig. Aber wenn wir am Grab sitzen, wird uns klar, dass diese Fragen für den Moment viel zu groß sind. Es geht jetzt erst einmal nur darum zu verstehen, dass John nicht mehr da ist.

Das Grab ist ein Zeichen dafür, dass er hier war, auf dieser Erde, und gleichzeitig markiert es den Übergang zu einem jenseitigen Zustand, den wir nicht kennen und über den wir nichts sagen können, noch nicht einmal, ob es ihn überhaupt gibt. Das Grab ist ein Chronist der Vergangenheit und ein Zeuge der unbekannten Zukunft. Wir wissen nur: Ein Mensch ist hier gewesen und nun ist er nicht mehr da. Wenn wir nur so weit denken, kehrt Ruhe ein.

21

Rund um das Grab sehe ich Bäume, Steine, Erde, Blumen. Ich denke: Was ist das eigentlich, die Seele? Ich habe allerlei Philosophen dazu gelesen, aber es bleibt unklar. Wie krass eigentlich, dass wir so wenig über das Schönste wissen. Und Verwesung, wie geht das? Wie sieht Johns Körper da unten mittlerweile aus? Ist der Sarg schon eingebrochen unter dem Druck der Erde? Mehrfach ist das Grab ein wenig abgesackt und wir haben neue Erde aufgefüllt, aber bedeutet das schon das Einbrechen oder verdichtet sich bisher nur die Erde? Wir füllen oben auf, während unten *was genau* passiert? Ich vermute, der Ginkgo, der neben Johns Grab wächst, wird im Laufe der Jahre seine Wurzeln immer weiter ausstrecken und irgendwann an den freigesetzten Mineralien Nährstoffe finden. So ist es gedacht, als Kreislauf des Lebens. Aber funktioniert das auch?

Ich habe gelesen, dass immer mehr Friedhöfe mit einem zu hohen Grundwasserspiegel kämpfen, und die toten Körper daher unter der Erde im Wasser liegen und nicht verwesen, selbst in 20 Jahren nicht. Es hieß in dem Artikel, lehmhaltige Böden seien besonders problematisch. Der Boden auf unserem Friedhof ist lehmhaltig. Andererseits liegt das Grab auf einem Hügel und das Wasser sollte abfließen können. Ich hoffe, Johns Körper liegt dort unten nicht im Wasser. Ich denke, der unbehandelte Natursarg sollte für die

Verwesung hilfreich sein, aber in Wahrheit habe ich keine Ahnung.

Zwischendurch frage ich mich, warum ich überhaupt über diese Dinge nachdenke. Aber so ist es, die Gedanken machen sich selbständig, sie zerfasern hierhin und dorthin, weil sie nicht wissen, wohin. Ein fortwährendes Abdriften und Andocken.

Der Sohn von Johns Grabnachbarin Ilse Mock kommt das Grab seiner Mutter besuchen. Wir haben ihn noch nie getroffen und freuen uns, ihn kennenzulernen. Den Namen seiner Mutter haben wir schon gegoogelt und in einem Nachruf gelesen, dass sie eine Aktivistin der Kreuzberger Hausbesetzerszene gewesen ist. Wenn sie das Bezirksamt betrat, wurde *Mock-Alarm* ausgelöst, hieß es im Nachruf.

Ihr Sohn erzählt, dass er den Ginkgo auf dem Grab seiner Mutter gepflanzt hat: «Den Baum hat meine Mutter gemocht, deshalb hab ich ihn hierhergebracht. Aber jetzt habe ich erfahren, dass Bäume von der Friedhofsverwaltung genehmigt werden müssen», sagt er. «Was, wenn sie eines Tages hier vorbeikommen und merken, dass der Baum nie bewilligt wurde? Noch könnte ich ihn mit seinen Wurzeln ausheben und woandershin verpflanzen. In ein paar Jahren ist das nicht mehr möglich. Außerdem brauchen Bäume immer ein Exemplar ihrer eigenen Gattung in Sichtweite, sonst können sie nicht gedeihen. Sie brauchen einen Partner. Vielleicht sollte ich ihn ausgraben und wieder mitnehmen. Leider ist er hier ja auch der einzige Ginkgo.»

«Aber nein», sagt Scott. «Da hinten ist doch noch einer.»

Ilses Sohn möchte das sofort sehen und Scott nimmt ihn mit zu einem kleineren Ginkgo, den wir in der Nähe entdeckt haben. Als die beiden zurückkommen, verkündet Ilses Sohn erfreut: «Jetzt steht es fest, der Ginkgo bleibt! Er hat einen Kollegen, jetzt muss er bleiben!»

Er erzählt, dass seine Mutter in einer Einrichtung für Kinder mit Behinderungen gearbeitet hat. Wie passend, dass John nun neben ihr liegt, denke ich. Absurd, denn John und Ilse kannten sich doch gar nicht. Warum sollte es hier jetzt einen Unterschied machen, dass die beiden nebeneinander beerdigt sind? Und warum freut es mich so, dass der Ginkgo bleibt?

Ilses Sohn geht wieder, Scott und ich bleiben zurück. Meine Gedanken bewegen sich wieder zu John. Am liebsten würde ich mich neben dem Grab ins Gras legen, als ob ich damit neben John liegen könnte, als ob ich ihm nah wäre, wenn ich dort liege. Eine Verbindung, die es in der Wirklichkeit nicht mehr gibt. Dauernd diese Impulse verschwimmender Grenzen.

Auf dem Weg zurück zu unseren Fahrrädern kommen wir am großen Magnolienbaum vorbei, der neben dem Friedhofseingang gerade in voller Blüte steht. Ich glaube, John hätte ihn gemocht. Ich freue mich jeden Tag, wenn ich diesen blühenden Baum sehe, und denke, was unter anderem auch bleibt: John ist jetzt in allen schönen Dingen, die ich sehe.

Kaum habe ich das gedacht, frage ich mich, was das nun schon wieder heißen soll. *John ist jetzt in allen schönen Dingen, die ich sehe.* Was denke ich da? Immer wieder kommen mir solche Sätze in den Sinn, die weniger gedacht als gefühlt sind.

Ich muss an die amerikanische Autorin Joan Didion denken, die es nach dem Tod ihres Mannes nicht übers Herz bringen konnte, seine Schuhe zu entsorgen. Sie konnte das Gefühl nicht abschütteln, er brauche sie noch, wenn er zurückkommt. Was hat es auf sich mit der Trauer und dem magischen Denken? Ich weiß es nicht, aber offenbar sind wir diesem Club nun auch beigetreten.

Ständig geht die Fantasie mit einem durch. Ich denke plötzlich Sätze wie: *Sogar aus dem Weltall sieht man unsere Trauer.* Was für ein Größenwahn.

Bei der Geburt eines Menschen wird die Welt quasi verzaubert. Eine Geburt wird oft als pures Glück beschrieben, dabei ist die Lage in der Wirklichkeit komplexer. Der neue Mensch kommt langsam im Leben an, auch in dem seiner Eltern, und meistens gibt es dabei auch Probleme. Die ersten Wochen und Monate sind neben dem Glück und dem unwiderstehlichen Zauber auch anstrengend. Aller Anfang ist schwer.

Alles Ende auch. Die Erfahrung eines Todes wird zu Recht als pures Unglück wahrgenommen, aber auch hier ist die Lage komplexer. Der Mensch verlässt das Leben für sein Umfeld ähnlich langsam, wie er nach der Geburt hineingefunden hat. Ob

Verzauberung oder Entzauberung, beide Zeiten haben eine magische Qualität.

Für mich ist es so, als ob der Zauber in die Natur übergeht, ich nehme sie so intensiv wahr wie selten zuvor. Beim Spazierengehen rette ich einen Frosch vor dem Verkehr und freue mich wahnsinnig darüber. Ich freue mich über jeden Vogel, jedes Eichhörnchen und eben auch enorm über die Pracht der Magnolienblüten am Eingang zum Friedhof. Sie ist schon fast ein bisschen unheimlich, diese intensive Freude, die mitten in der Trauer liegt.

In den Nachrichten stehen Angela Merkel und François Hollande am Beinhaus von Douaumont und gedenken dem hundertjährigen Jahrestag der Schlacht um Verdun. Genau dort sind wir vor zwei Jahren mit John gewesen, haben uns diese imposante Grabstätte angesehen, John war fasziniert von der Architektur vor dem Gebäude auf und ab gelaufen. Die Erinnerungen überfluten mich sofort, als ich die Bilder im Fernsehen sehe.

Wie John dort herumgelaufen ist, wie heiß es an dem Tag war. Er hatte irgendwann keine Lust mehr gehabt, war aggressiv geworden, vermutlich war es ihm zu heiß, ich ging mit ihm zurück zum Parkplatz und im Auto hatte er sich beruhigt, als ich das Radio einschaltete. Es lief ein Lied, das er kannte und mochte, ich meine, es war *Paint it black* von den Rolling Stones, aber ich bin mir nicht mehr sicher. Vielleicht verwechsle ich das mit einem anderen Ort. Ich strenge mich an, ich muss mich doch an das Lied erinnern, ich weiß noch genau, wie wir dasaßen, mit Blick auf das Beinhaus von Douaumont, ich auf dem Beifahrersitz, John auf der Rückbank, und dann kam Scott auch zurück und wir fuhren weiter.

Nein, ich kann es nicht mehr genau sagen. Es ist am Ende aber auch egal, welches Lied es war. Der Punkt an der Situation ist, dass John das Lied kannte, mochte und sofort zu tanzen begann. Diese unglaubliche Fähigkeit, Frustration innerhalb von einem kurzen Augenblick hinter sich zu lassen, zum Beispiel durch ein Lied, das war typisch John.

Der Beitrag in den Nachrichten ist kurz, und doch schießt während der Szenen, die gezeigt werden, alles durch meinen Kopf: eine Erinnerungsflut, ein kurzes Hadern mit dem Vergessen, eine Freude, diesen Ort zu sehen, der mir John unmittelbar so nah bringt, und die große Traurigkeit, dass er nicht mehr lebt. Das Erinnern ist einerseits schön und macht andererseits manchmal auch von Herzen müde.

23

Zwei Monate nach Johns Tod fange ich wieder an zu arbeiten. Bei meinem ersten Auftrag betreue ich für eine Woche eine Wanderausstellung der politischen Bildung in einem Einkaufszentrum in Berlin.

Ein Mann kommt auf mich zu, gepflegtes Aussehen, graumelierte, schulterlange Haare. Er hat Papiere dabei, reicht mir die Zettel und sagt nachdrücklich: «Lesen Sie sich das mal durch! Ich war bei der Bundeswehr, früher, jetzt bin ich arbeitslos. Die wollten mich loswerden. Was da läuft, das ist ein selbstverliebtes Schauspiel. Und jetzt brummt man mir seit Jahren Kurse auf, Maßnahmen, Workshops, nichts als Gesabbel. Die Unberufenheit steht hoch im Kurs heutzutage. Aber hallo! Wofür brauchen wir Coaches, erst kommt die Generalität, dann die Admiralität!»

Keine Begrüßungsformalitäten, kein Hineintasten, sein Monolog geht von null auf hundert in zwei Sekunden. Das ist für mich nicht unbedingt ungewöhnlich, ich erlebe immer wieder gerade ältere Männer, die ein Gespräch provokant bis aggressiv eröffnen. Ich hebe an, etwas zu sagen, komme aber gar nicht dazwischen.

«Mir brauchen Sie nichts zu erzählen,» sagt er. «Bundesparlament, Fachparlament, Verteidigungsministerium, Verteidigungsausschuss, Bundestagspräsident, Bundespräsident, kenne ich alles. Sie müssen mal ins Internet gucken. Nur mal so als Tipp! Da wird diskutiert, ob wir überhaupt eine Verfassung haben. Wahrscheinlich haben Sie sich damit noch nie befasst. Der klügste Rat natürlich: wenn die Politiker Berufene sind. Sind sie aber nicht. Der höchste Gedankenprozess im ganzen Staat! Wissen ist nun mal Macht. Und an der Spitze?»

Das Fragezeichen war nur rhetorisch gemeint, der Mann redet ohne Pause weiter.

«Über den Zustand der Bundeswehr berichtet die Presse aufschlussreich, das muss man sagen. Wo sind die Schutzräume? Von einem privaten Wachdienst bewacht. Bundeswehrgebäude! Was machen wir hier im Frieden? Wir brauchen doch eine Katastrophenwehr und keine Waffenwehr. Wir haben alles. Wir haben Schulen, Straßen, aber gucken Sie sich mal um, wie heruntergekommen alles ist. Nur auf den ersten Blick schön. Wir haben Busse für den öffentlichen Nahverkehr, Kläranlagen, Windenergie. Was bedeutet das für die Vögel? Haben Sie schon davon gehört, wie viele Vögel in den Windanlagen sterben? Aber keine Sorge. Meistens weht der Wind und die Räder stehen still, weil man sich nicht über die Leitungen einigen kann, die den Strom vom Norden in den Süden bringen sollen. Das muss man sich mal vorstellen. Weil es da Proteste gibt. Gegen alles wird heutzutage protestiert! Früher war das hier ein schönes Land, heute ist alles runtergewirtschaftet. Dabei haben wir gute Leute, wirklich. Die Elite einer Gesellschaft ist es, die die Entscheidungen trifft. Aber die können nichts bewegen, selbst die nicht. Na gut, ich habe Zeit, das Feld neu aufzurollen. Der Mensch braucht wenig. Ich tue niemandem was. Ich denke nach. So viel Zeit dazu haben die meisten Leute ja gar nicht. Ich habe da schon so einiges mehr verstanden als die meisten anderen! Kein Mensch ist schlecht, aber viele haben schlechte Erfahrungen gemacht. Ich bin für den Weltfrieden. Und ich weiß, wie wir da hinkommen. Leider hört mir niemand zu.»

«Ich höre Ihnen aber zu», werfe ich jetzt einfach dazwischen. «Ist Ihnen das vielleicht schon aufgefallen?»

Er sagt: «Ja, stimmt. Ehrlich gesagt, so lange, wie Sie mir jetzt schon zuhören, das ist selten, das muss ich sagen. Ich weiß das zu schätzen, ehrlich.» Zum ersten Mal scheint er mich überhaupt zu bemerken und aus seinem Tunnel herauszukommen.

Mit Menschen zu sprechen, denen es gut geht und die freundlich sind, das ist angenehm. Nur suchen eben diese Menschen im Rahmen der Öffentlichkeitsarbeit oft nicht unbedingt das Gespräch. Meistens sind es die anderen, die Gesprächsbedarf haben. Die, die frustriert und unzufrieden sind, denen es nicht gut geht, die Probleme haben. Ich bin es daher gewohnt, dass mir bei der Arbeit, sozusagen naturgemäß, viel negative Energie entgegenströmt.

Im Gespräch mit diesem Mann merke ich, nach zwei Monaten zu Hause, in denen ich vollkommen von Johns Tod vereinnahmt gewesen bin, dass sich in meiner Haltung etwas geändert hat. Dass der Mann seinen Kampf mit sich, der Welt und dem Leben in mich hineinschüttet, macht mir weniger aus als früher. Es ist, als habe er sich selbst in einen Käfig gesetzt und rüttelt nun an den Stäben. Unter seinem unklaren, zerfaserten Denken spüre ich seinen Schmerz. Ich bin ihm gegenüber gelassener und langmütiger als früher. Etwas in mir, das früher härter und unnachgiebiger war, ist aufgeweicht.

Am Ende reden wir über eine halbe Stunde miteinander. Er ist zwar immer noch in seinen fixen Ideen gefangen, er springt immer noch von Thema zu Thema, aber ich kann ihn zumindest zeitweise einfangen und eigene Punkte setzen, die er sich sogar aufmerksam anhört. Was auch immer das wert sein mag. Nach dem Gespräch sehne ich mich allerdings noch ein bisschen mehr nach dem Friedhof als davor.

24

Ich nehme die U-Bahn zum Südstern, zur Haltestelle direkt an unserem Friedhof. Als ich noch nicht so viel Zeit dort verbracht habe, hatte ich gedacht, der Name Südstern beziehe sich auf den südlichen Sternenhimmel. *Kreuz des Südens*, daran hatte ich gedacht. Das Sternenbild. In Wahrheit trägt der Platz aber, wie sich herausstellt, seinen Namen einfach nur wegen der sieben Straßen, die von und zu diesem südlich in der Stadt gelegenen Ort führen.

Unten in der U-Bahnhaltestelle der Linie 7, deren Strecke Spandau und Rudow verbindet, kann man sich beim Warten auf den Zug an den Tunnelwänden die Geschichte und Bilder des Platzes im Verlauf der Zeit ansehen. Der Platz am Südstern heißt erst seit 1947 so. In der Zeit des Nationalsozialismus hieß er Gardepionierplatz und davor Kaiser-Friedrich-Platz. In der Monarchie nach dem Regenten, in der Diktatur nach dem Militär, in der Demokratie nach der Städteplanung. Keine schlechte Idee, es zur Abwechslung mal nicht so aufgeladen anzugehen, denke ich. Eine nüchterne Beschreibung der Lage in der Stadt. Ebenso schön aber auch, dass sich in dem Namen dennoch eine poetische Kraft entfaltet.

Oberhalb der Station wird die Gneisenaustraße zur Hasenheide und Kreuzberg zu Neukölln. Kommt man mit der U-Bahn, landet man direkt am Platz, der im Gefüge der Stadt so nicht mehr ist als ein einzelner Punkt. In den ersten Jahren in Berlin bin ich viel mit der U-Bahn gefahren und kannte die Stadt entsprechend als eine Sammlung von solchen Einzelpunkten. Sie fügen sich nicht zusammen, wenn man nur hier und da aus der Tiefe an die Oberfläche gelangt. Mit dem Auto lässt sich die Struktur schon eher erkennen, aber auch da entsteht nur ein eher grobes Bild. Berlin ist nur mit dem Rad oder zu Fuß schön.

Zum Friedhof kommen wir sonst meistens mit dem Fahrrad. Wir fahren am Kanal entlang und kommen vom Maybachufer über die Körtestraße seitlich auf den Platz zu, vorbei an der Apotheke, der Buchhandlung, dem Schreibwarenladen, der Bäckerei. Die Kirche auf dem Platz fällt einem bei dieser Anfahrt zunächst kaum auf. Ganz anders, wenn wir mit dem Auto kommen. Da erreichen wir den Südstern vom Hermannplatz aus. Auf der Magistrale sehen wir schon von Weitem die große Kirche, die den Platz aus dieser Richtung kommend vollkommen dominiert. Die Geschäfte und die U-Bahnstation nimmt man von dieser Warte aus hingegen kaum wahr.

Es liegen zwei Kirchen am Platz, beide wurden in der Kaiserzeit für angrenzende Kasernen erbaut: die katholische Johannes-Basilika und die evangelische Garnisonkirche. Sonntags nach dem Wecken und in Kriegszeiten vor dem Abtransport nahmen die Soldaten an befohlenen Gottesdiensten teil. Heute ist die einst militärische Prägung der Umgebung kaum noch zu erkennen. Die Garnisonkirche heißt schlicht *Kirche am Südstern*, die Kasernen gibt es nicht mehr und es erinnern nur noch vereinzelte militärische Dekorationselemente in den Kirchen an diese Zeit.

In meinem inneren Stadtplan ist der Südstern jetzt das Zentrum, auf das alles zuläuft und von dem alles ausgeht.

25

Es ist Sonntag, Johns Tod liegt drei Monate zurück. Wir haben uns überlegt, zuerst mit dem Fahrrad zum Friedhof zu fahren und von da aus weiter zur Krummen Lanke, einem See im Südwesten von Berlin. Jahrelang sind wir jedes Wochenende mit John dorthin gefahren, um einmal um den See zu spazieren.

Im Fahrradkorb haben wir selbstgebackenes Brot, Mineralwasser und Bananen dabei. Letztere hat uns der Hausarzt empfohlen. «Ihr Gehirn arbeitet im Moment auf Hochtouren, deshalb braucht es viel Energie. Bananen sind da sehr zu empfehlen», hatte er gesagt. Mein Kind ist tot und du empfiehlst uns Bananen, hatte ich kurz gedacht, dann aber doch welche gekauft.

Seit ein paar Tagen haben wir auf dem Friedhof in einem Gebüsch zwei Klappstühle versteckt. Wir richten uns immer wohnlicher ein, und so sitzen wir vor unserer Radtour eine Weile an Johns Grab.

Das Weiterleben ist die zentrale Frage, der wir uns weiterhin nur langsam nähern. Zunächst müssen wir nur ertragen, wir haben keine andere Aufgabe, denn diese, die ultimative Ambivalenz auszuhalten zwischen Liebe und Tod, ist schon riesig genug.

Das Äußerste, was drei Monate nach Johns Tod geht, ist ein Vor-sich-hin-Sein, dem Horror mit offenen Augen begegnen, am Grab sitzen, gemeinsame Orte aufsuchen. Ich habe immer das Gefühl, es gibt nichts zu sagen. Oder besser: Es gäbe so viel zu sagen, aber die Sprache kommt immer zu spät, um es einfangen zu können. Die Seele wandert unberechenbar und die Gedanken laufen ihr nach, kommen aber nie hinterher.

Wir versuchen, uns auf die Liebe zu konzentrieren, die immer bleiben wird. Sie kann sich nicht mehr in konkreten Handlungen und im Zusammensein ausdrücken, sie muss neue Wege finden.

Anders als ich es häufig in Berichten trauernder Eltern gelesen habe, frage ich mich nicht: «Warum ich? Warum konnte ausgerechnet mir das passieren?» Ich muss an meine Großmutter denken, die diese Fragen gerne umgedreht und gefragt hat: «Warum nicht ich? Warum sollte es anderen passieren und nicht mir?»

Tatsächlich haben wir solche Fragen durch Johns Schwerbehinderung schon seit Jahren hinter uns gelassen. Wir wissen längst, dass es nichts bringt, sie zu stellen. Auch spielten in unserer Lebenswirklichkeit Erwartungshaltungen keine Rolle und deshalb trauere ich nicht um eine unerfüllt bleibende Zukunft. Wir wussten, dass wir auf keinen Abiball gehen oder Enkelkinder bekommen würden.

Und wir haben gewusst, wie kostbar unsere Zeit mit John ist. Wir waren in Berlin in eine günstigere kleine Wohnung gezogen und hatten unsere Ausgaben aufs Nötigste reduziert, um weniger arbeiten zu müssen und mehr Zeit für John zu haben. Ich war Freiberuflerin geworden und Scott hatte sich in den letzten vier Jahren als Hauptpflegeperson nur noch um John gekümmert. Seit John im Alter von anderthalb Jahren krank geworden war und wir zwei Jahre in Kliniken verbracht hatten, ist uns sehr bewusst gewesen, wie zerbrechlich das Leben ist.

Statt in klassischen Trauerbüchern finde ich eher Trost in drastischen Büchern. Ich lese *Panikherz* von Benjamin von Stuckrad-Barre. Allein der Titel, was könnte besser passen? Das Thema des Buches, Drogensucht, ist zwar etwas anderes als der Tod des einzigen Kindes, aber beides zerrüttet die Existenz, und beides führt zu einem Kampf, den man so nie gewollt hat, nun aber führen muss.

Wir sehen uns all die Fernsehserien an, die wir in den letzten Jahren verpasst haben. Auch da sind uns die am liebsten, die sich hart am Rand des Lebens bewegen. Die erste Staffel von *The Killing*, wie die Tochter stirbt und die Familie über einen langen Zeitraum begleitet wird, in all dem Schrecken, den das mit sich bringt. Ein Freund sagte: «Ich habe nur die ersten beiden Folgen gesehen, dann war mir das zu düster, zu deprimierend. Und ausgerechnet ihr guckt euch das jetzt an?»

Gerade wir, und gerade jetzt. Also *Panikherz* auf dem Klappstuhl am Grab, und danach weiter zur Krummen Lanke.

Bei unserer Ankunft am See scheint die Sonne und alles erinnert uns an John. Kinder baden, wie John dort oft gebadet hat, und wir merken, dass jede Jahreszeit neue Herausforderungen mit sich bringt. An der Krummen Lanke sind wir seit Johns Tod schon einige Male gewesen, und wir hatten gedacht, sie schon als positiven Erinnerungsort erobert zu haben. Aber wie sich nun herausstellt, galt das doch nur für den Frühling und nicht für den Sommer, wenn dort Kinder baden. Da müssen wir wieder von vorn beginnen mit der Bewältigung.

Wir gehen einmal um den See spazieren und auf dem Rückweg fahren wir noch einmal zum Friedhof und sitzen eine weitere Stunde an Johns Grab.

26

Kofferpacken ist eine ziemlich fade Angelegenheit, wenn dabei keiner immer wieder die Socken zum Schlackern herausholt, wie John es immer gemacht hat. Mit ihm im Haus musste ich beim Kofferpacken schnell sein und ihn ablenken, jetzt packe ich den Koffer völlig ungestört.

Wir sind mehrfach mit John auf Hiddensee im Urlaub gewesen und haben uns überlegt, ein verlängertes Wochenende an diesem Ort der Erinnerung zu verbringen.

Wir fahren mit Leihfahrrädern über die Insel und sehen überall Orte, die uns an John erinnern. Hier ist er den Strand entlanggelaufen und vor Freude über das Wasser in voller Bekleidung in die Ostsee gesprungen, da drüben ist er auf den Anker geklettert, auf dem Spielplatz dort hat er auf der Rutsche gesessen und zu uns runtergeguckt, wartend, wir wussten nicht, worauf, wir haben gesagt, er solle doch rutschen, er hat uns angeguckt und weiter gewartet, auf was, haben wir uns gefragt, hat er Angst, hat er keine Lust, sollen wir etwas machen, so haben wir ratlos zu ihm hochgeguckt und er mit Pokermiene zu uns herunter, und plötzlich ist er doch gerutscht und hat dabei so herzlich gelacht, als habe er uns gerade enorm ausgetrickst.

Auf Hiddensee erinnert uns alles an John. Auch wenn es nicht unbedingt leicht ist, sich dem auszusetzen, tut es dennoch gut. Es ist eine Schwere, die verhältnismäßig und angemessen ist. *Erinnerung als unvergleichliche Macht des Widerstands gegen das Nichts.* Hans Blumenberg.

Wir schreiben John einen Brief, den wir in einer Flaschenpost ins Meer werfen. Wir schreiben uns selbst eine Postkarte nach Hause. Was man so macht, in der Hilflosigkeit. Zu Hause ist die Karte schon da, als wir nach Berlin zurückkommen: «Wir haben Johns Namen in den Sand gemalt und vom Wasser ausspülen lassen. Immer wieder. So ist es, man kann den Namen schreiben, so oft man will, und er wird doch jedes Mal mit den nächsten Wellen wieder weggespült.»

Zu viel Pathos, zu viel Kitsch, die Sache mit dem Sand, und auch die mit der Flaschenpost und mit der Karte an uns selbst. Das stört mich aber nicht. Wir sind in einer Situation, in der nichts falsch klingt, was überhaupt einen Ausdruck findet. Was auch immer sich aus dem Meer des Unsagbaren erheben kann, ist uns herzlich willkommen.

Ich muss an die Postkarten meiner Großmutter denken. Als sie noch lebte, hat sie immer die neuesten Postkarten, die ihr geschickt wurden, in der Stube auf die Anrichte gestellt. Jedes Mal, wenn wir sie besuchten, sah ich mir die Karten an und erfuhr, wo verschiedene Onkel und Tanten, Cousinen und Cousins gerade Urlaub machten. Ich habe die Karten auf der Anrichte immer gemocht, sie haben die verstreute Großfamilie auf eine Art verbunden. Bei der Großmutter mit den neun Kindern, 20 Enkelkindern und einer wachsenden Schar von Urenkeln liefen die

Fäden der Familie zusammen. Wenn neue Karten ankamen, wurden die alten nicht weggeworfen. Meine Großmutter hat sie alle aufbewahrt.

Nach ihrem Tod erhielt jeder seine Karten zurück. Zu Hause hatte ich mir den Stapel meiner Postkarten angesehen und sie schienen mir enttäuschend oberflächlich. Nichtssagende Sätze zu herkömmlichen Bildmotiven. Das Wetter ist schön. Wir haben dies und das unternommen.

Ich erinnere mich nicht, ob die anderen Kartenschreiber kreativer waren. Meine Karten jedenfalls hatten als abstrakte Sammlung nichts mehr von dem, was ich mit den Karten auf der Anrichte verbunden hatte. Ich habe sie gerne geschrieben und meine Großmutter hat immer gesagt, dass sie sich über die Karten freut. Weder die Momente meiner Freude beim Schreiben, noch eine mögliche Freude über das Erhalten einer solchen Karte konnte ich in dem Stapel später noch erkennen. Warum wurden die Karten so leer? Wie funktioniert es, dass Dingen Bedeutung innewohnt und diese dann verlorengeht?

Viele Sachen von John sind für mich aufgeladen mit Verbundenheit und Erinnerungen. Werden auch sie eines Tages leer auf mich wirken? Das ist meine größte Sorge, nach der Erfahrung mit den Postkarten bei meiner Großmutter.

In der Kommode auf unserem Flur gibt es eine Schublade, Johns Schublade, in der wir seine Kommunikationskarten aufbewahrt haben. Ich sehe sie mir an und entdecke eine herrliche Karte für *Pause* wieder. John hat sie sehr gemocht. Eine Art Strichmännchen lehnt sich auf einem Stuhl kippelnd zurück, die Arme angewinkelt hinter dem Nacken gefaltet, die Beine locker überschlagen vor sich auf den Tisch gelegt, direkt vor einem Glas, das auf dem Tisch steht. Ich würde sagen, da ist richtig *Pause,* von sämtlichen Ermahnungen und Regeln: Stuhl kippeln, Füße auf dem Tisch, und auch noch ein Glas in gefährlicher Nähe. Mir ist vorher nie aufgefallen, wie lustig die Symbolkarte in ihrer Ansammlung von Grenzüberschreitungen eigentlich ist.

Ich kann mir ewig lange Johns Sachen ansehen, ohne dass es mir langweilig wird. Es ist überhaupt kolossal, wie viel Zeit ich mit nichts verbringen kann, wenn man es von außen betrachtet. Innen ist natürlich die Hölle los.

Pause

27

John balanciert auf einem großen Stein in Irland, John läuft auf Juist den Strand entlang, John springt auf der Pfaueninsel von einer Leiter, John sitzt in Lindos vor der Akropolis auf Scotts Schulter und in der Ferienwohnungsküche auf meinem Schoß, John schnippt den Finger in Richtung Kamera, John liegt mit am Kopf festgeklebten Elektroden zum Langzeit-EEG in einem Krankenhausbett, John steht zwischen seinen Großeltern und umarmt ihre Schultern, John lässt auf dem Omaha Beach in der Normandie Sand durch seine Hände rieseln.

Roland Barthes hat in seinem Essay *Die helle Kammer* über ein Kindheitsfoto seiner verstorbenen Mutter geschrieben: «Es existiert ausschließlich für mich.» Das fand ich immer seltsam, jetzt meine ich genau zu verstehen, was er meint. Szene für Szene in den Fotoalben. Sie existieren alle ausschließlich für mich.

Wie kann es sein, dass dieser Junge nicht mehr da ist? Die Bilder treffen direkt in die Wunde des Verlusts. Was für eine Kraft aber auch in ihnen liegt. All das haben wir zusammen erlebt. Wie schön das war, und wie schwer aber auch. In den Fotos ist alles enthalten. Ich bin froh, nicht nur von den schönen Tagen Bilder gemacht zu haben, sondern auch von den vielen Krankenhausaufenthalten, von John im Epilepsie-Schutzhelm, und mit der PEG-Magensonde, und von der Küchenscheibe, die er bei einem heftigen Wutausbruch mit dem Kopf eingeschlagen hat. Die Vielfalt der Bilder spiegelt unser intensives Leben mit ihm wider und verhindert damit auch eine Verklärung. Ich möchte mich an alles erinnern, wie es war, nicht an eine weichgewaschene Version davon.

In Johns Handbewegungen, Körperhaltungen und Gesichtsausdrücken erkenne ich seine Persönlichkeit. Die Fotos und auch die Videos von John tragen eine enorme Innerlichkeit in sich, eine Einmaligkeit, Echtheit. Ist es ein Paradox, Vergänglichkeit bewahren zu wollen? Das Bild hält einen flüchtigen Moment fest und sagt damit: Alles im Leben ist flüchtig. Der festgehaltene Moment ist längst vorbei und kommt nie wieder. Beim Betrachten der Bilder und Videos von John wird mir ganz bewusst: Sie sind eine abgeschlossene Vergangenheit und bezeugen damit indirekt auch seinen Tod.

Aber das trifft nur auf ihn zu und nicht auf uns Eltern. Wir gehören zu den Lebenden. Die Fotos anzusehen, schafft ein schmerzhaftes Bewusstsein dieser Verschiedenheit, dieser Trennung. Oder es ist andersrum? Wenn ich die Bilder ansehe, halte ich die Welt an, dann gibt es nichts als das, dann bin ich wieder im Bund mit John. Oder finde ich mich am Ende weder auf der einen noch auf der anderen Seite wieder?

Jedes Bild scheint aufgeladen mit unterschiedlichen, auch widerstrebenden Energien, die mich John näherbringen oder unsere Trennung betonen, die schmerzen oder heilsam sein können. Ein besonders typischer Gesichtsausdruck kann dabei genauso erschüttern wie eine plötzliche Erinnerung, die durch ein Bild hervorgerufen wird. Man muss auf Schläge von allen Seiten gefasst sein. Jedes Bild ist eine Grenzerfahrung. Vielleicht verfällt die Aura im Zeitalter der technischen Reproduzierbarkeit doch nicht so stark, wie Walter Benjamin vermutet hat. Das gilt vielleicht noch einmal im Besonderen für die Fotos von John im Sarg. In ihnen erhält diese Aura von Nähe und Ferne eine andere Dimension. Diese Bilder bezeugen Johns Tod am stärksten, aber auch sie tragen die umgekehrte Botschaft in sich, dass es zuvor dieses Leben gegeben hat. So, wie die Bilder aus dem Leben die Sterblichkeit beinhalten, deuten die Bilder vom Tod zurück auf die Lebendigkeit. Auch sie schärfen das Bewusstsein der Trennung. Wir erkennen uns in ihnen in unserer neuen Identität als verwaiste Eltern.

Die Bilder von John im Sarg anzusehen, fällt mir noch schwerer als das Betrachten der Bilder aus seinem Leben. Aber auch der Tod will bezeugt werden. Die Sehnsucht des Bewahrens. *Das ewige Antlitz*. Ich muss daran denken, wie der Künstler Man Ray im Jahr 1922 den zwei Tage zuvor verstorbenen Marcel Proust fotografierte. Heute ist das Foto von Proust auf dem Totenbett ein berühmtes Bild. Damals war das Fotografieren eine vergleichsweise neue Technologie und die Entdeckung recht frisch, dass damit das Abbild der Toten unmittelbarer erfasst werden kann, als es die zuvor genutzten Totenmasken vermochten. Fortschritte in der Technik wurden schon immer zum wirklichkeitsnäheren Bezeugen des Todes genutzt. Das gilt bis heute, auch für das Internet, die Digitalisierung und die Nutzung Künstlicher Intelligenz. Nun geht man sogar über das Bezeugen und Erinnern hinaus. Auf Basis von Videoaufnahmen verstorbener Menschen werden virtuelle Begegnungen erzeugt, Softwareprogramme verarbeiten Tonaufnahmen verstorbener Menschen zu Chatmöglichkeiten mit den Toten. Als würden sie wieder lebendig, als würden sie unsterblich.

Ich lese darüber, aber diese Bestrebungen bleiben mir fremd. Für mich geht es im Gegenteil gerade darum, anzuerkennen und zu durchdringen, dass der Mensch den Tod niemals überwinden kann.

Die Bilder von John im Sarg gehören dazu. Sie sind eine Art Schatten von mir. Der Teil von mir, den es nicht mehr gibt. Immer, wenn ich nicht glauben kann, dass John nicht mehr da ist, zeigt mir ein Blick auf diese Bilder, dass es doch wahr ist. Als sein Körper noch nicht beerdigt war, hat das Anfassen eine solche Verbindung zur Wirklichkeit geknüpft. Nun bleiben mir dafür nur noch die Fotos.

Georg Simmel hat über das Gesicht geschrieben: «Es ist, als wäre ein Maximum an Bewegungen auch in seinem Ruhezustand investiert, oder als wäre dieses der unausgedehnte Moment, auf den unzählige Bewegungen hinzielten, von dem unzählige ausgehen werden.»

Wenn ich die Bilder von John im Sarg betrachte, wird mir schmerzlich bewusst, dass von seinem

Gesicht keine unzähligen Bewegungen mehr ausgehen werden. Aber ich erkenne auch, dass unzählige Bewegungen zu diesem Moment geführt haben. Simmels Beschreibung scheint mir enorm, bewundernswert treffend. In den Bildern von Johns Tod, dem endgültigen Ruhezustand, ist alles enthalten, und dennoch steht in ihnen die Zeit komplett still. *Ein unausgedehnter Moment.*

28

Wir besuchen meine Eltern in Norddeutschland und sehen uns im Schloss Oldenburg die landesgeschichtliche Dauerausstellung an. In einem Raum werden die Kleider gezeigt, die der legendäre absolutistische Herrscher von Oldenburg und Delmenhorst, Graf Anton Günther, im Sarg getragen hat. Nach seinem Tod im Juni 1667 war sein Leichnam in einen Sarg gebettet worden, der am Kopfende ein Sichtfenster hatte. Der Sarg war im Keller der Oldenburger Lambertikirche auf einem Hochaltar ausgestellt worden. Das Volk sollte sich von ihm verabschieden und durch das Fenster den Prozess der Verwesung verfolgen können.

Im Jahr 1753 besuchte der Schriftsteller und Naturforscher Christlob Mylius auf der Durchreise Oldenburg und schrieb: «Ich stieg auch hinunter in das gräfliche Begräbniß unter dem Altare, wo ich diesen Grafen, wiewohl sehr verweset, noch im Sarge liegen sah.» Mehr als 80 Jahre nach dem Tod konnte man also immer noch die Auflösung mitverfolgen.

Der Sarg wurde schließlich 1937 geöffnet, als nur noch die Kleidung übrig war, und diese ist heute in der Ausstellung im Oldenburger Schloss ausgestellt. Es ist ein merkwürdiges Gefühl, diese Kleidung anzusehen, in der der Körper im Sarg langsam verschwunden ist.

Ich frage mich: Möchte man Verwesung sehen? Oder gar, soll sie überhaupt stattfinden? Es hat immerhin seit Menschengedenken auch den umgekehrten Ansatz gegeben, den der Bewahrung. Einbalsamierungen und Mumifizierungen reichen mindestens 7.000 Jahre zurück und werden teilweise bis heute praktiziert. So werden in den USA immer noch die meisten Leichname einbalsamiert. Dies ist eine Folge des Bürgerkriegs, bei dem ab 1861 Hunderttausende auf den Schlachtfeldern fern von ihren Angehörigen starben. Durch das Einbalsamieren konnten die Körper haltbar gemacht werden, bis man sie nach Hause transportieren konnte. Obwohl die Praxis nach dem Bürgerkrieg ihren ursprünglichen Zweck verlor, wurde sie weitergeführt. Sie hat sich kulturell so stark eingeprägt, dass sie in den USA bis heute weit verbreitet ist.

Beim Einbalsamieren werden die Körperflüssigkeiten aus dem Körper gezogen und durch eine chemische Zusammensetzung von Konservierungsstoffen ersetzt, die den Verwesungsprozess aufhalten. Das benutzte Formaldehyd ist nicht nur giftig für die Umwelt, sondern auch krebserregend. Einbalsamieren, das klingt so harmlos, ist in Wahrheit aber höchst invasiv für die Körper der Verstorbenen, für die Umwelt und auch für das Personal, das damit umgeht.

Tatsächlich stellt diese Praxis einen erheblichen philosophischen Unterschied zu unserer europäischen Kultur dar. Während es bei uns in jeder Bestattungsform – See, Feuer oder Erde – um die Auflösung des Körpers geht, wird in den USA deren Erhalt angestrebt. Neben der Einbalsamierung tragen bei

Erdbestattungen dazu massive Sargkonstruktionen bei, die innen mit Metall und teils sogar mit Schutzversiegelungen aus Gummi verkleidet sind, um alle Spalten abzudichten. Die Sargkonstruktion wird außerdem nicht einfach in die Erde gelassen, sondern in eine für sie geschaffene Gruft, früher aus Holz oder Stein, heute sogar oft aus Beton. Die Gruft schützt die Sargkonstruktion vor Wasser und vor dem Gewicht der Erde, so dass das Grab nicht einsackt. Präparierte Körper, abgedichtete Sargkonstruktionen und wehrhafte Betonkammern bilden einen dreifachen Schutz vor Verwesung. Die Laufzeit der Gräber ist entsprechend unbegrenzt.

Jede neue Erfindung und Verfeinerung der Maßnahmen zum Erhalt der Körper bedeutet dabei auch mehr Einkommen für eine findige Bestattungsindustrie. Ich bin versucht zu denken, dass die Maßnahmen vorrangig dem Profit dienen könnten, aber vielleicht ist dieser Gedanke ungerecht und zu zynisch.

Zumindest steht die akribische Bewahrung in einem ungewöhnlichen Gegensatz zur Beziehung, die die Angehörigen in vielen Fällen später zum Grab pflegen. Gerade in den Städten führt die unbeschränkte Laufzeit zu einem akuten Platzmangel an Friedhofsfläche. Erreichbare Gräber sind dementsprechend teuer und viele Familien bestatten ihre Angehörigen auf weit entfernt liegenden Friedhöfen in der Peripherie. Aufgrund der Distanz können sie keine kontinuierliche Verbindung zu ihren Gräbern pflegen und besuchen diese oft nur einmal im Jahr oder gar nicht. Der ganze Erhalt: wozu eigentlich?

In Europa haben wir die Tradition der Bewahrung aufgegeben, aber sie gehört auch zu unserer Vergangenheit. In der Kapelle der Heiligen Rosalia in der Kapuzinergruft in Palermo etwa liegt der Körper der zweijährigen Rosalia Lombardo, die als die schönste Mumie der Welt gilt. Das Mädchen starb im Dezember 1920 an der Spanischen Grippe. Ihr Vater, ein sizilianischer General, wollte sie nicht beerdigen. Er wollte sie besuchen und anschauen können. Die Katakomben waren schon seit 30 Jahren für neue Bestattungen geschlossen, aber er überredete die Kapuzinermönche, seine Tochter dort beizusetzen. Er engagierte den berühmten, in Italien und auch in den USA tätigen Einbalsamierer Alfredo Salafia, um ihren Körper möglichst unversehrt zu konservieren. Noch heute, mehr als 100 Jahre später, kann man die zweijährige Rosalia in der Kapuzinergruft in Palermo in ihrem Glassarg betrachten und sehen, wie makellos ihr Körper erhalten blieb. 2009 entdeckten Forscher ein Manuskript von Alfredo Salafia, in dem er das sogenannte *Salafia Perfection Fluid* als Mischung für dauerhaft haltbare Einbalsamierungen beschrieb: Glycerin und Formalin, angereichert mit Zinksulfat, Chloriden und einer Alkohollösung mit Salicylsäure.

Im Mausoleum auf dem Roten Platz in Moskau kann man den Körper von Wladimir Iljitsch Lenin besichtigen. Seine Einbalsamierung ist ein bis heute andauernder Prozess, an dem seit seinem Tod 1924 gearbeitet wird. Alle anderthalb Jahre wird der Körper sechs Wochen lang mehrfach gebadet, in einer Glycerinlösung, in Formaldehyd, in Alkohol, danach folgen noch Wasserstoffperoxid zur Aufhellung der Haut, Natron, Kalium und eine Essiglösung. Vom echten Körper Lenins ist nur noch wenig erhalten. Mit Hilfe von Glasprothesen, künstlicher Haut, künstlichem Hautfett und Nachbildungen des Gesichts wird versucht, eine Erscheinung möglichst nah am Original zu präsentieren. Behilflich ist dabei ein vom Heidelberger Institut für Plastination entwickeltes Präparationsverfahren.

Prinzessin Anna, Tochter von Kaiser Ludwig dem Bayer, starb im Alter von einem bis anderthalb Jahren im Jahr 1319 während eines Aufenthalts der Familie im oberpfälzischen Kastl, vermutlich an einer Erkältung. Ludwig, auf der Durchreise in die Niederlande, überließ den Leichnam seiner Tochter den Benediktinermönchen des Kloster Kastl. Sie mumifizierten die kleine Anna und legten die Mumie in einen Steinsarkophag. 1966 wurde die Mumie in die Vorhalle der Kirche überführt und dort zunächst unter klimatisch ungünstigen Bedingungen in einer Vitrine ausgestellt. Sie begann zu verwesen. Mittlerweile wurde mit Hilfe des Bozener Mumieninstituts eine spezielle Vitrine entwickelt, in der die Mumie von Anna geschützt in der Klosterburg Kastl anzusehen ist.

Ein etwas anders gelagertes Phänomen sind Spontanmumifizierungen. In der Nähe von Berlin liegt in Kampehl bei Neustadt/Dosse die Mumie des märkischen Edelmanns Christian Friedrich von Kahlbutz. Der Leichnam des 1702 verstorbenen Ritters Kahlbutz ist ohne Mumifizierungsverfahren bis heute nicht verwest. Er war zunächst in einem Holzsarg in der Gruft der Kirche beigesetzt worden. 92 Jahre nach dem Tod sollte er bei einer Kirchenrenovierung aus der Gruft geholt und beerdigt werden. Doch als man den Holzsarg öffnete, lag darin ein ledriger, nicht verwester Leichnam. Theodor Fontane schrieb, er wurde ausgestellt «um das Spuk- und Sagenbedürfnis des Volks in dortiger Gegend» zu befriedigen. Um den Ritter ranken sich verschiedene Sagen und angeblich hat er schon zu Lebzeiten angekündigt, dass sein Leichnam nicht verwesen werde.

Die Mumie kann man seit über 225 Jahren besichtigen. Bis heute ist sie eine Touristenattraktion. In Kampehl steht im Restaurant Ritterhof ein Ritterbutzenteller auf der Speisekarte. In der Kahlbutz-Getränkereihe werden das Bier Männerstolz, der Kräuterlikör Steifmacher und der Fruchtlikör Sündige Bauernpflaume verkauft.

Die Mumie von Christian Friedrich von Kahlbutz wurde 1895 von Rudolf Virchow und 1930 von Ernst Ferdinand Sauerbruch untersucht. 1983 nahm man in der Charité eine Computertomographie vor. Letztgültig lösen konnte das Rätsel um die Mumifizierung ohne Einbalsamierung jedoch keiner der berühmten Mediziner. Wahrscheinlich handelt es sich beim Ritter Kahlbutz um eine simple Trockenmumifizierung, die bei dafür günstigen Luftbedingungen gar nicht besonders ungewöhnlich ist. Sie kommt in Europa sogar häufiger vor.

So fand man in der Gruft unter der Parochialkirche in Berlin-Mitte auch spontan mumifizierte Körper, die in den letzten Jahren von einem interdisziplinären Forscherteam untersucht wurden. Neben dem in Europa größten Bestand an original barocken Grabkammertüren befinden sich in der Gruft 147 Särge mit mumifizierten Körpern oder Körperteilen, mit bis zu sieben Körpern in einem Sarg. Dies erklärt sich durch mehrere Störungen der Ruhestätte. Um Platz für ein Möbellager zu schaffen, waren zur Zeit der DDR beispielsweise Teile zusammengeräumt worden. Medizinstudenten hatten bei 25 Toten die Schädel entfernt, um sie als Sezierobjekte zu nutzen. Anschließend hatten sie die Köpfe teils zurückgebracht, aber falschen Körpern zugeordnet. Die Untersuchungen des Forscherteams haben ergeben, dass sich die Mumifizierungen dem ausgeklügelten Belüftungssystem in der Gruft verdanken. Andauernde Zugluft in Kombination mit niedriger Temperatur trocknete die Körper aus. Die Gruft kann man sich heute beim Tag des Offenen Denkmals ansehen.

In Vác in Ungarn wurde 1994 bei der Renovierung der Dominikanerkirche eine Gruft mit spontan mumifizierten Körpern aus dem 18. und frühen 19. Jahrhundert gefunden. Ähnlich auch die Michaelergruft in Wien und die Mumie der Anna Catharina Bischoff in der Barfüßerkirche in Basel. Oder auch Ötzi, die aus dem Eis geborgene Mumie. Bei allen handelt es sich um zufällige Funde von Körpern, die durch unterschiedliche äußere Umstände unbeabsichtigt mumifizierten.

Ich weiß nicht, wie ich das alles einordnen soll. Warum üben mumifizierte Körper offenbar eine solche Attraktion aus? Was steht hinter der Entscheidung, Körper zu bewahren oder sie sich auflösen zu lassen? Warum stellt man in der landesgeschichtlichen Dauerausstellung im Schloss Oldenburg die Kleider aus, in denen der absolutistische Herrscher verwest ist? Sein Körper sollte verwesen, die Bevölkerung sollte diesen Prozess sogar über Jahrzehnte hinweg durch fortwährenden Anblick bezeugen können, und am Ende konnte man ihn doch nicht loslassen und behielt die Kleider aus dem Sarg? Die wir uns wiederum bis heute ansehen sollen. Warum? Was macht das mit mir als Betrachterin? Ich stehe recht ratlos davor, um ehrlich zu sein.

29

Es ist Freitag. In der Nacht von Freitag auf Samstag ist John gestorben. Der Freitag bedeutet für uns seither immer, dass wieder eine Woche vergangen ist. Jetzt Tag für Tag, bis wir am nächsten Freitag wieder sagen können: Eine weitere Woche liegt hinter uns. Das Vermissen fühlt sich jeden Tag neu an. In meinen Gedanken poppen immerzu Schlagworte auf: Bodenlos. Seele in Not. Diese beiden immer wieder. Wie ein Mantra wiederholen sie sich in mir. Bodenlos. Seele in Not. Als ob in mir ein permanenter Alarm schrillt.

Beim Aufwachen denke ich: Gestern war es gar nicht so schlimm, jedenfalls nicht so schlimm wie der Tag, der jetzt vor mir liegt. Auch wenn die Tage sich objektiv wahrscheinlich ziemlich ähneln, fühlt sich jeder nach einer neuen Qualität an. Tag für Tag das Gefühl, die Wahrheit erst heute, erst jetzt richtig durchdrungen zu haben und richtig zu verstehen, dass John tot ist. Das setzt sich immer neu zusammen und beginnt von vorn.

Ich sage zu Scott: «Heute ist es besonders schlimm.»

Er erwidert: «Das sagst du immer.»

Vielleicht lässt sich der Tod des eigenen Kindes auf eine gewisse Weise nie vollkommen verstehen, vielleicht wähne ich mich aus diesem Grund nur permanent auf dem Weg hin zu diesem Verständnis. Vielleicht verstehe ich es längst so weit, wie es uns Lebenden möglich ist. Eine Leerstelle wird immer bleiben, und jeden Tag kreise ich innerlich neu um diese herum. Manchmal falle ich in sie hinein. Scott stupst mich an und ruft: «Monika, atmen!»

Ich schrecke auf und denke: Was schreit er denn so? Ich bin doch direkt neben ihm. Dann merke ich, dass ich gar keine Luft mehr habe und atme abrupt tief ein, wie wenn man nach einer längeren Tauchphase wieder an die Wasseroberfläche kommt. Auch nachts passiert es mir manchmal, dass ich von diesem Luftschnappen aufwache.

Atmen, was für ein Akt. Atem einhauchen, das bedeutet: zum Leben erwecken. Wir lassen die Welt in ins hinein und stoßen sie wieder heraus. Wir schnaufen empört, wir seufzen, wir atmen im Erschrecken oder Erstaunen unvermittelt ein, bei einer Panikattacke wird der Atem schnell, beim Hyperventilieren hektisch, zum Ausdruck von Ratlosigkeit oder Langeweile pusten wir Luft durch die halb geschlossenen Lippen. *Blowing raspberry*, keine Übersetzung im Deutschen.

Seit Johns Tod stehe ich meiner eigenen Sterblichkeit gelassen gegenüber. Die Welt kann gut ohne mich leben. Nie war das Ich unwichtiger. Gegen meinen Tod habe ich nichts einzuwenden. Aber wenn mein Bewusstsein für Momente von der fortwährenden Aufgabe des Atmens wegkippt, stellt es sich entweder nach Ansprache oder auch aus dem Schlaf heraus von allein wieder ein. Es braucht mich dazu offenbar gar nicht, das Atmen. Es nimmt die Dinge selbst in die Hand. Eine Zumutung zwischen Willen und Automatismus, 20.000-mal am Tag.

30

Die Arbeit führt mich auf eine Reise, ich leite eine Flusskreuzfahrt mit pensionierten Absolventen der *University of California, Berkeley* aus den USA, die mit der Alumni-Organisation ihrer Universität verreisen. Wir fahren in elf Tagen auf dem Schiff von Berlin nach Prag: Vom Wannsee über den Elbe-Havel-Kanal nach Magdeburg, auf der Elbe weiter über Wittenberg, Meißen, Dresden und Bad Schandau bis nach Tschechien, von dort über Litoměřice nach Mělník und auf der Moldau weiter bis zur Anlegestelle an der Tschechow-Brücke in der Innenstadt von Prag.

Vom Wannsee aus besuchen wir Potsdam. In der Bildergalerie am Schloss Sanssouci kommt unser Museumsführer zum Gemälde *Der ungläubige Thomas* von Caravaggio. Ich war schon oft mit Reisegruppen hier. Ich finde es jedes Mal wieder erstaunlich, wie stark der Eindruck ist, wenn man dem Bild im Original gegenübersteht. Alles daran ist so intensiv. Die Gesichtsausdrücke, die Geste der Handführung in die Wunde. Wie diese Hände gemalt sind, besonders die linke, führende Hand von Jesus, die die Hand von Thomas umgreift, und dann der Finger von Thomas in der Wunde. Schon vor Johns Tod hat mich dieses Gemälde überwältigt. Ich konnte das Bild fast nicht ansehen, ohne zu weinen. Nun aber merke ich, dass ich kaum noch aushalten kann, es überhaupt anzusehen. Es ist ein bisschen wie bei den Fotos von John. Man muss auf Schläge von allen Seiten gefasst sein.

Ich bin erleichtert, als wir weitergehen zu anderen Bildern, aber während der Freizeit meiner Reisegruppe gehe ich noch einmal zu dem Bild von Caravaggio zurück. Ich bin hin- und hergerissen zwischen dem Wunsch, dieses Bild ganz lange anzusehen, oder es gerade nicht anzusehen. Es ist, als ob das Bild ein Tor öffnet. Würde ich hindurchgehen, wäre ich für immer verschwunden. Ich habe keine Ahnung, wie Caravaggio das gemacht hat.

Als wir in Meißen die Eingangshalle zur Porzellanmanufaktur betreten, kommt der Mitarbeiter auf mich zu, der für unseren Werkstattbesuch zuständig ist.

«Hallo, Monika», sagt er. «Lange nicht gesehen. Wie geht's Dir denn? Mensch, wenn ich Dich so sehe. Es ist doch so heiß. Du musst Dich mal farbenfroher anziehen. Ganz in schwarz, das passt ja überhaupt nicht zum Wetter!»

Ich trage nach Johns Tod gar nicht immer schwarz, aber an diesem Morgen hatte ich mich danach gefühlt. Jetzt bringt es mich in die Bredouille. Hinter mir steht die Gruppe von Reisenden, die sich für den Ausflug zur Porzellanmanufaktur entschieden haben. Ich kann mich also nicht erklären. So gut es geht, umschiffe ich die Bemerkung, lenke die Aufmerksamkeit auf meine Reisegruppe und denke mir, ich kann es ihm vielleicht später erzählen, wenn die Gruppe Freizeit hat und wir einen Kaffee trinken gehen.

Ich erinnere mich daran, wie meine Großmutter nach dem Tod meines Großvaters schwarz getragen hat und genau ein Jahr nach dem Tod damit aufhörte. Von einem Tag auf den anderen. Sie hat gesagt: «Nach einem Jahr soll Schluss sein. Ob ich mich danach fühle oder nicht, spielt keine Rolle. Das ist die Tradition.»

Sie hatte gemeint, es sei hilfreich, dass es zu einem festgelegten Zeitpunkt vorbei sei. Da müsse man dann nicht selbst den Absprung schaffen. Ich hatte es mehr für eine Art blinden Gehorsam gehalten. Meine Generation ist schließlich viel individualistischer aufgewachsen. Warum soll man eine bestimmte Zeitlang etwas tun – sich schwarz kleiden – und es zu einem bestimmten Zeitpunkt wieder lassen?

Jetzt wird mir klar, dass die Tradition durchaus hilfreich gewesen sein mag, wenn die schwarze Kleidung als Zeichen von Trauer erkannt wurde. Gerade im Zusammentreffen mit Menschen, die man seltener sieht und nicht gut kennt. Gibt man Traditionen auf, so mit ihnen auch die Schutzräume, die sie schufen. Ganz klar eigentlich, nur war es mir vorher nicht so bewusst.

Nachdem die Reise mit meinen Kaliforniern abgeschlossen ist, fahre ich von Prag mit dem Zug in viereinhalb Stunden den Weg zurück, den wir auf dem Schiff in elf Tagen zurückgelegt haben. Wir haben gerade die Grenze von Tschechien nach Deutschland überfahren, da trifft eine E-Mail mit der Betreffzeile

Sad News ein. Ich kann mir schon denken, was darinsteht.

Ich habe in den letzten Tagen viel Zeit mit einem Reisenden verbracht, der schwer krank war, sich aber nicht davon abhalten ließ, an jedem Ausflug teilzunehmen. Jeden Tag hatte er mir erneut seine Krankengeschichte erzählt. Zu den Herzproblemen kam offenbar noch eine Form von Demenz hinzu, denn niemals erinnerte er sich daran, dass wir genau dieses Gespräch am Vortag schon geführt hatten. Seine Frau war immer vorne neben den Stadtführern gelaufen, obwohl er bei dem Tempo nicht mithalten konnte. So war ich jeden Tag allein mit ihm hinter den anderen hergegangen.

Beim Auschecken aus dem Hotel, in dem wir in Prag die letzte Nacht der Reise verbracht hatten, war der Mann zusammengebrochen und ins Krankenhaus gekommen. Dort lag er im Koma, seine Frau war mit ihm im Krankenwagen gefahren und sein Sohn hatte sich in den USA sofort ins nächste Flugzeug nach Prag gesetzt. Die E-Mail bestätigt mir, was ich ahnte: Der Mann ist gestorben. Er ist aus dem Koma gar nicht mehr aufgewacht.

In den letzten Tagen seines Lebens habe ich fast mehr Zeit mit ihm verbracht als seine eigene Frau. Er war alt, körperlich schwer angeschlagen, geistig verwirrt, aber er hatte noch einen guten Humor gehabt und zwischendurch blitzte etwas auf, das ehemals bestimmt ein scharfer Verstand gewesen war. Seine Frau erzählte gerne, was für ein erfolgreicher Anwalt er früher gewesen sei, er habe mehrere Hollywood-Größen vertreten.

Am Ende seines Lebens, als ich ihn kennenlernte, war vornehmlich sein Wille geblieben, sich den Umständen nicht zu ergeben und weiter an allem teilzunehmen, auch wenn es ihm jeden Tag schwerfiel. So störrisch, dass es seine Frau Tag für Tag aufregte. Sie dagegen ebenso störrisch in ihrer täglich wiederholten Weigerung, sich um ihn zu kümmern. Die beiden haben sich fast nur gestritten, auch wenn wir auf dem Schiff waren. Ein Paar am Limit. So wenig von dem, worauf sie ihre Beziehung gebaut hatten, wie ich aus ihren Erzählungen annahm – der Erfolg, der Verstand, der Glamour – war noch vorhanden, nur noch das Geld, mit dem sie aber nichts Genussvolles mehr anfangen konnten.

Im täglichen Umgang mit diesem Menschen, der klar erkennbar an der Schwelle zum Tod stand, habe ich viel an John gedacht. Dieses lange Leben eines über 80 Jahre alten Mannes, dagegen Johns 15 Jahre. Johns Leben war so kurz. Viel zu kurz für uns. Immer wieder kehre ich zu diesem Gedanken zurück. Aber beide Leben, das des alten Mannes auf meiner Reise und das von John, bilden in ihrem jeweils eigenen Zeitbogen ein *ganzes Leben*, unabhängig von der Dauer, von Einschränkungen und anderen Faktoren. Es ist, als ob die Zeit gar nicht so eine große Rolle spielt, wenn ich mehr das Leben betrachte als den Verlust. Ich denke und fühle ja immer aus der Tiefe des Verlusts heraus.

Wenn ich an den alten Mann denke, zu dem ich vorher keine Beziehung hatte, und den ich nur in einer ziemlich problematischen Momentaufnahme am Ende seines Lebens kennengelernt habe, sehe ich nicht so sehr auf dieses Ende, als vielmehr auf sein Leben an sich, gerade weil ich ihn nicht auf die Situation am Ende reduzieren möchte. So sollte ich auch auf Johns Leben blicken, denke ich. Statt mich innerlich gegen das frühe Ende aufzulehnen, gilt es auch bei John viel mehr, sein Leben an sich zu sehen.

Die Geschichte jedes Lebens dreht sich am Ende vielleicht nicht um die Dauer, sondern um die Qualität von Erfahrungen, Begegnungen und Beziehungen. Nicht vom Ende her zu denken, nimmt nicht die Trauer weg, aber es schafft einen Raum, Johns Leben als Ganzes, Vollendetes anerkennen zu können. Das Problem sind eher wir, die wir mit dem Überleben zurechtkommen müssen. *Der Tod ist kein Unglück für den, der stirbt, sondern für den, der überlebt.* Epikur.

31

Am 7. September ist John ein halbes Jahr tot. Heute wäre er 16 Jahre alt geworden. In unseren Fahrrad-körben nehmen wir zum Friedhof einen Gießkannen-aufsatz, Gärtnerhandschuhe, eine Harke, eine kleine Schaufel, einen Beutel Blumenerde und «Chrysanthe-men Rock'n Roll» mit, die ich zufällig im Supermarkt entdeckt und hauptsächlich wegen des Namens ge-kauft habe.

Fünf Ampeln sind es zwischen unserer Wohnung und dem Friedhof. Je mehr Zeit wir dort verbringen, umso besser verstehen wir diesen Ort. Das Gelände an der Bergmannstraße in Kreuzberg ist groß, fast 21 Hektar. Es umfasst vier nebeneinanderliegende Friedhöfe aus dem 19. Jahrhundert, die heute alle Na-turfriedhöfe sind und durch einige Durchbrüche mit-einander verbunden wurden. Berlinerinnen und Ber-liner nutzen die Friedhöfe wie einen Park. Man sieht Eltern mit Kinderwagen, Fahrradfahrer und Hunde. Räder und Hunde sind auf dem Gelände eigentlich nicht erlaubt, aber der Friedhof hat sich ein Stück Kreuzberger Anarchie bewahrt.

Nicht weit entfernt von Johns Grab steht ein impo-santer, mehrere Meter hoher Stein mit einer skandi-navischen Inschrift. Der dort zunächst bestattete Rikard Nordraak hat die norwegische National-hymne verfasst. Im Alter von 18 Jahren war er als Mu-sikstudent nach Berlin gekommen und fünf Jahre spä-ter, im Jahr 1866, hier an Tuberkulose gestorben. Sein

Leichnam ist mittlerweile exhumiert und nach Norwegen gebracht worden, der kolossale Grabstein ist geblieben.

Westlich von uns liegt ein Sammelgrab aus dem Zweiten Weltkrieg. Auf einer großen Tafel steht: «Hier ruhen 21 namentlich bekannte und eine unbestimmte Anzahl unbekannter Personen, welche dem Luftangriff am 3. Februar 1945 in der Enckestraße 1/2 (Kaufhaus Jordan) zum Opfer gefallen sind.» Man hatte das moderne, stahlbewehrte Bauwerk des Kaufhauses fälschlicherweise für einen geeigneten Luftschutzraum gehalten.

Auf den vier Friedhöfen sind viele bekannte Persönlichkeiten in historischen Ehrengräbern beigesetzt, zum Beispiel Gustav Stresemann, Martin Gropius, Adolph von Menzel und Ludwig Tieck. Die Gestaltung ihrer Grabstellen knüpft an ihre Persönlichkeit oder Position an, so ist Stresemanns Grab staatsmännisch, im Stil fast brutalistisch, bei der Büste von Adolph Menzel sieht man, wie klein er war, das Grab von Martin Gropius erinnert an die italienische Renaissance.

Mein Lieblingsname unter den Adelsgräbern ist *Praxedis Baronin von der Osten-Sacken, geb. Baronesse Ledersteger-Falkenegg*. Wikipedia listet auf der Seite der deutsch-baltischen Adelsfamilie leider nur Generationen von Männern und so weiß ich erst einmal nichts über die Frau, die diesen stolzen Namen trug.

Wir entdecken immer neue Grabsteine und Dekorationen, Palmetten, Pilaster, Obeliske und

Inschriften. *O Stein und Blume, Geist und Kleid, Lieb, Leid und Zeit und Ewigkeit.* Clemens Brentano.

Der Friedhof ist voll von Engelsfiguren, kleinen und großen, als Putten und als erwachsene Frauenfiguren. Einige eher spärlich bekleidet. Ich stelle mir vor, wie sich irgendein Mann gedacht hat: Hm, eine Skulptur für den Friedhof, da passt doch am besten eine schöne junge Frau in einem hautengen Kleid, dessen einer Träger gerade zufällig von der Schulter fällt und am Ellenbogen hängenbleibt, so dass das Kleid gerade so knapp nicht unter die Brust rutscht. Nunja.

Wind und Wetter ausgesetzt, befinden sich die Hüterinnen des Friedhofs in unterschiedlichen Stadien des Verfalls. Auf einigen wächst Moos, Erde hat sich in Ohren verfangen, Farben sind verblasst und abgeblättert, manchmal ganze Körperteile abgesprungen.

In der Abteilung für Kinder unter zwölf Jahren: kleine Teddybären in Einweckgläsern. Wettergeschützt.

Überall sind Spuren der Existenz zu sehen, Hinweise auf Vorlieben und Interessen der Verstorbenen. Auf einem Grab wächst eine Hanfpflanze, auf einem anderen steht eine Bierflasche, oder eine Computertastatur, Münzen, Kegelkugeln, Aschenbecher, ein Badminton-Schläger, eine Girlande von tibetischen Gebetsfahnen, ein Gartenzwerg mit Werder-Bremen-Logo.

Eine Familie erzählt uns, dass sie den hellen, flachen Stein der Grabeinfassung aus der Toskana mitgebracht hat. Dort war die Verstorbene häufig im Urlaub gewesen, die Steine haben sie vom Ferienhaus bekommen. Je mehr wir mit anderen Zugehörigen sprechen, umso stärker verdichtet sich der Ort, an dem jedes Detail eine Geschichte erzählt.

Wer dabei aber denkt, auf dem Friedhof sorge der Tod für eine friedliche Konzentration auf das Wesentliche, jenseits kleinlicher Streitereien, der hat sich getäuscht. Schwelende Konflikte in Familien- und Freundschaftsbeziehungen brechen auf dem Friedhof in Diskussionen über die Gestaltung von Gräbern oder auch über die Auswahl des Grabsteins aus. Einige Trauernde beäugen kritisch das Verhalten von Zugehörigen anderer Gräber und erkundigen sich bei der Friedhofsverwaltung, ob Gestaltungen ordnungsgemäß beantragt und bewilligt wurden. Einigen wird der Rasen nicht oft genug und anderen wird er zu oft gemäht. Der Friedhofsgärtner übt seinen Beruf mit einer stoischen Ruhe aus, in einer gelungenen Mischung von Zuhören und Drüberweghören. Am Ende ist der Friedhof nicht nur ein Ort des Todes, sondern auch des Lebens. Im Grunde auch ein Theater.

Manchmal kommen Malgruppen, stellen Staffeleien auf, bleiben stundenlang und sprechen unerwartet viel beim Malen. Am Mausoleum zog sich einmal eine Frau bis auf die Unterwäsche aus. Es stellte sich als ein Fotoshooting heraus. Jugendliche gehen auf dem Hauptweg in kleinen Gruppen vorbei, ziehen Rollkoffer hinter sich her, in denen Flaschen klirren, hin zum verlassensten Teil des Friedhofs, auf dem sie ungestört bleiben.

In einer verwilderten Ecke des Friedhofs steht ein altes Schild: «Platz der Märzrevolution.» Es gibt dort keine Gräber und die Fläche ist gar kein Platz. Tatsächlich kam das Schild durch mehrere Zufälle hierher. 1997 hatte sich eine Gruppe mit dem Namen *Aktion 18. März* dafür engagiert, den Platz vor dem Brandenburger Tor in Erinnerung an das Jahr 1848 in «Platz der Märzrevolution» umzubenennen. Der Senat lehnte dies ab und schlug als Ersatzlösung einen Platz hinter der Neuen Wache, am Maxim-Gorki-Theater vor. Die Einweihung wurde für den 18. März 1998 geplant. Doch wurde die Neugestaltung des Platzes nicht rechtzeitig fertig, und so kam es am Stichtag nicht zur Umbenennung.

Zur Beschilderung hatte die Senatsverwaltung in einer Kunstschlosserei in Treptow zwei Emaille-Schilder mit gusseiserner Fassung beauftragt, die durch die Verschiebung der Platzbenennung zunächst in der Schlosserei verblieben. Diese wiederum meldete kurze Zeit später Insolvenz an und die Schilder gingen in die Konkursmasse ein. Ein Sprecher der *Aktion 18. März* kaufte eins der Schilder, und weil er keinen anderen Platz dafür hatte, stellte er es auf dem Friedhof auf. Der Ort hat nichts mit der Märzrevolution zu tun, aber hier stört das Schild niemanden, und so steht es noch heute da, als Zeuge eines Engagements, das sein Ziel nicht erreichte, aber ausgerechnet auf dem Friedhof überlebt.

Je nach Windrichtung hören wir am Grab von Norden her entferntes Verkehrsrauschen von der Gneisenaustraße, oder aus dem Süden vom Columbiadamm. Im Mai waren leise die Ansagen der Fahrgeschäfte von den Neuköllner Maientagen aus dem angrenzenden Volkspark Hasenheide zu uns herübergedrungen. Im Juni traf unsere Untröstlichkeit auf die laute Freude des Umzugs *Karneval der Kulturen*, der traditionell direkt am Südstern vor dem Friedhof vorbeizieht. Im Sommer hörten wir Durchsagen aus dem Sommerbad Neukölln: «Wir haben hier Amadeo, acht Jahre, blaue Badehose. Mama oder Papa bitte zum Bademeister!»

Bei einem schnell aufziehenden Gewitter schrie der Bademeister: «Alle sofort raus aus dem Wasser. Ich wiederhole: Alle raus!» Es wurde schlagartig dunkel, es blitzte und donnerte, es stürmte durch die Bäume, die Kerzenlichter flackerten wild in den Laternen. Im Sturm klang der Wind überall unterschiedlich: in den Tannen, in den Birken, im kräftigen Ahornbaum, in der großen Ulme, im kleinen Kirschbaum und in unserem Ginkgo. Ich musste an ein Kindheitsgeräusch denken: das Rascheln von Pappeln. Sie standen in einer langen Reihe an der Straße, die zu meiner Grundschule führte. Wenn es stürmte, war der Weg von und zur Schule begleitet von diesem ganz speziellen Rascheln, das dem keines anderen Baumes gleicht.

Vom Tempelhofer Feld schallen regelmäßig die Rufe vom Training auf dem Baseballfeld zu uns herüber. Am Sonntag mischen sich von Südosten her die Gebetsrufe des Muezzins von der Şehitlik-Moschee mit den aus südwestlicher Richtung kommenden Rufen vom Fußballplatz und wir sitzen an Johns Grab genau im Schnittpunkt dieses leicht bizarren Soundcocktails.

Jeden Tag sehen wir Eichhörnchen. Aus den Bienenstöcken, die hinten auf dem Friedhof untergebracht sind, kommen die Bienen bei uns besonders gerne zum Lavendel und zum Steppensalbei. Im Gebüsch der verwilderten *Ruhestätte der Familie Wehlitz* gleich hinter uns wohnt eine Feldmaus, die immer die gleichen Wege von und zu ihrem Versteck läuft.

Heute jagt der Fuchs, der auch oft vorbeikommt, eine Maus über die Lichtung. Ich befürchte, es könnte sich um unsere Wehlitz-Maus handeln und so gehe ich hinüber. Die Maus kommt mir sofort entgegengerannt. Sie weiß wohl, dass sie von mir nichts zu befürchten hat. Sie hält direkt vor meinen Füßen an und wartet. Der Fuchs sieht mich aufmerksam an. Erst in dem Moment wird mir bewusst, dass ich viel zu wenig über das Verhalten von Füchsen weiß. Würde ein Fuchs mich wegen einer Maus angreifen? Zum Glück dreht er sich einfach um und schreitet betont gelassen davon. Als wolle er mir sagen, dass ihm die Maus sowieso nicht so wichtig war. Die Maus läuft weiter ins Gebüsch und ich gehe zurück zu meinem Stuhl.

In der Birke über uns sitzt eine Amsel. Sie guckt zu uns runter und wir zu ihr rauf. Fast jeden Tag sitzt sie da, wir unter ihr auf unseren Klappstühlen. Sie zwitschert laut, eindringlich, deutlich, aber wir verstehen sie nicht. Ähnlich, wie John uns manchmal nicht verstanden hat, und wir ihn nicht. Nun sind wir *lost in communication* mit unserer Amsel.

Auf dem Nachhausweg fassen wir uns ein Herz und kehren zu Ehren von Johns 16. Geburtstag beim Griechen ein. Es ist das erste Mal seit seinem Tod, dass wir abends zum Essen ausgehen. Etwas so Normales, aber es fühlt sich eigenartig an. Unmöglich im Grunde, unerträglich, aber wir tun es dennoch. Noch immer ist jeder Tag eine neue Wirklichkeit.

32

Der Bedarf an Friedhofsfläche sinkt in Berlin, wie auch allgemein in Deutschland, stetig. Bis zur CO-VID-Pandemie hat es über hundert Jahre lang keine große Krankheitsepidemie mehr gegeben, die Sterblichkeitsrate sinkt, Menschen werden immer älter und die Bestattungsgewohnheiten haben sich geändert, weg von der Erdbestattung und hin zur Feuerbestattung. Die erste Urnenhalle gab es in Berlin bereits 1893 im Treptower Park. Zu der Zeit waren Feuerbestattungen in Berlin noch gar nicht erlaubt. Die Körper der Verstorbenen wurden nach Hamburg gefahren, dort verbrannt und die Urnen nach Berlin zurückgebracht. Im Jahr 1911 wurden in Preußen als dem vorletzten Staat im deutschen Kaiserreich auch Kremationen erlaubt. Seither sind sie immer beliebter geworden, zunächst bei Protestanten und später auch bei Katholiken. Da Urnen weniger Platz brauchen als Särge, sinkt automatisch der Bedarf an Beisetzungsfläche. Zudem tendieren heute immer mehr Menschen zu einer noch platzsparenderen Alternative in pflegeleichten Gemeinschaftsanlagen oder anonym in Bestattungswäldern.

Seit 1980 hat sich der Bedarf an Fläche um mehr als die Hälfte reduziert. Das bedeutet sinkende Gebühreneinnahmen bei erhöhten Ausgaben für den Unterhalt der Friedhöfe. In Berlin sind im Moment noch 179 von einst 224 Friedhöfen geöffnet. 340 Hektar Fläche werden nicht mehr benötigt. Ein

Entwicklungsplan des Senats sieht eine schrittweise Umnutzung der Flächen vor.

Die evangelische Friedhofsverwaltung Berlin-Mitte versucht seit mehr als zehn Jahren, mit unterschiedlichen Kooperationen möglichst viele der Flächen für die Natur zu erhalten. Auf unserem Friedhof arbeitet sie mit dem Naturschutzbund NABU zusammen, der die Entwicklung der Flora und Fauna beobachtet und mitgestaltet. Der Friedhof ist 200 Jahre alt. Anders als zum Beispiel beim Tiergarten, wurden hier nach dem Zweiten Weltkrieg nicht alle Bäume zum Heizen gefällt, so dass es noch einen älteren Baumbestand gibt. Das Alter des Naturfriedhofs begünstigt den Artenreichtum von mehr als 350 Pflanzenarten, aber auch seine Funktion als Friedhof trägt dazu bei. Hier gibt es keine Störung der Natur durch Ballspiele, Grillen und andere in Parks übliche Faktoren, und auf den Gräbern werden Blühpflanzen gepflegt. Die Vielfalt der Pflanzen sorgt für eine hohe Insekten- und Wirbellosendichte, die wiederum die Vogelpopulation und allgemein die Tierwelt positiv beeinflusst. Trotz der innerstädtischen Lage brüten hier jedes Jahr zwischen 28 und 32 Arten von Vögeln. Eine größere Dichte, als sie in den meisten Parks und sogar Wäldern der Umgebung zu finden ist.

Auf dem Jacobi Friedhof in Neukölln arbeitet die Verwaltung mit der Initiative Prinzessinnengärten zusammen, die sich für eine soziale und ökologische urbane Landwirtschaft engagiert. Auf dem Nicolai und Marien Friedhof in Prenzlauer Berg werden im ehemaligen Gärtnerhaus Ausstellungen gezeigt. Auf dem Dorotheenstädtischen Friedhof hat der Künstler James Turrell die Kapelle mit einer beeindruckenden Lichtinstallation neugestaltet. Auf dem Thomas-Friedhof in Neukölln wird das Friedhofscafé *21 gramm* betrieben, auf unseren Friedhöfen das Friedhofscafé Strauß, in dem wir uns nach Johns Beerdigung mit unseren Gästen getroffen haben. Einmal im Jahr wird auf den Friedhöfen seit 2018 eine *Friedhofsnacht* veranstaltet, mit mobiler Friedhofsbar, Musik und Lesungen. Dies sind alles Versuche, die Bestattungskultur neu zu beleben und die Friedhöfe in das Leben der Stadt zu integrieren. Anstatt sie als Außenorte zu begreifen, sollen hier Natur und Kultur in ihrer Bedeutung für die Menschen zusammengedacht werden.

Mit unserer Erdwahlstelle, der flächenmäßig größten Bestattungsoption, haben wir immerhin mit dafür gesorgt, dass auf Johns Teil des Friedhofs in den nächsten 20 Jahren nichts bebaut wird. So lange Natur und Ewigkeit haben wir uns erkauft.

33

Ein Tag nach dem anderen, dazwischen schiebt sich jeweils die Nacht mit dem Schlaf und den Träumen. Man kann nicht von Erholung sprechen. Was tagsüber zu viel ist, sucht sich nachts seinen Weg. Ich träume in plastischen Details, dass mir das Herz herausgenommen wird. Eine lang andauernde Szene im Operationssaal, danach näht man mich wieder zu und ich lebe weiter, ohne Herz. Im Traum funktioniert das beeindruckend gut. Ich kann ohne Herz genauso weiterleben wie bisher. Tatsächlich bemerkt in meinem Umfeld danach sogar niemand den Unterschied.

Oft träume ich, dass ich John irgendwo verliere. Wir sind draußen unterwegs und plötzlich ist er verschwunden. Ich laufe herum, rufe und suche, aber finde ihn nicht. Seit diesen wiederkehrenden Träumen stört es mich, dass das Verb *verlieren* so oft im übertragenen Sinn für *sterben* benutzt wird. Es sagt sich leichter: *Ich habe mein Kind verloren.* Ich selbst habe es manchmal so gesagt: «Ich habe meinen Sohn verloren.»

Viel schwerer der Satz: «Mein Sohn ist gestorben.»

Aber ob Zeh oder Seele, jede Schonhaltung bewirkt stärkere Belastungen woanders. Die Träume, in denen ich John verliere, sind so schlimm, dass ich mich im Wachzustand nun darauf konzentriere, den Euphemismus so gut wie möglich zu vermeiden, und stattdessen bewusst *Sterben* und *Tod* zu denken und zu sagen. Es nützt nichts, Abkürzungen nehmen zu wollen. Wir müssen uns der Situation in aller Klarheit stellen. Je mehr mir das tagsüber gelingt, umso weniger schlimm sind die Nächte, so simpel ist das tatsächlich.

Einer der schlimmsten Albträume ist, dass ich John einfach vergessen habe. In dem Traum stellt sich heraus, dass er gar nicht tot ist, ich denke nur lange Zeit, tagelang, wochenlang, überhaupt nicht an ihn, dann spricht mich jemand an und erzählt, er habe John irgendwo gesehen, und fragt, warum ich ihn allein gelassen habe.

Oft habe ich aber auch positive Träume mit John. Immer wieder träume ich davon, wie er mich umarmt, in seiner typischen Johnweise. Er ist mir dann sehr nah. Unbeschreiblich, wie schön diese Träume sind. Erinnerungen mischen sich mit der Fantasie, manchmal kann John im Traum sogar sprechen. Wie glücklich wir im Traum dann sind! Das Aufwachen aus den schönen Träumen ist allerdings genauso schmerzhaft wie das Aufwachen aus einem Albtraum. Aufgewacht wird schließlich immer in der Wirklichkeit, in der John tot ist.

Auf das Träumen wurden im Verlauf der Kulturgeschichte schon immer zeitgenössische Ideen von Welt- und Selbstentwürfen projiziert. Von der dunklen Macht bis zum Heilschlaf wurde dem Traum teuflischer ebenso wie göttlicher Einfluss zugesprochen, pathologische, prophetische und therapeutische Kraft. Mit der Aufklärung verschob sich die

Wahrnehmung von übernatürlichen Perspektiven hin zu individualisierten und daraufhin zu psychologisierten. Michel Foucault schließlich sprach von der «Lächerlichkeit der Traumdeutung.»

Erst jetzt stolpere ich darüber, dass bei Sigmund Freud womöglich der Tod seiner Tochter Sophie der Auslöser für seinen Interpretationsumschwung vom Lustprinzip zum Todestrieb gewesen ist. Freud und seine Frau Martha hatten sechs Kinder. Im Ersten Weltkrieg bangte er um das Leben seiner drei Söhne, von denen sich zwei freiwillig zur Armee gemeldet hatten und der Dritte eingezogen worden war. Sie kehrten alle unversehrt aus dem Krieg zurück. Doch dann geschah das gänzlich Unerwartete: Die zweitjüngste Tochter Sophie starb 1920 im Alter von 26 Jahren an der Spanischen Grippe. Freud schrieb nach ihrem Tod: «Man wird ungetröstet bleiben, nie einen Ersatz finden. Und eigentlich ist es recht so, es ist die einzige Art die Liebe fortzusetzen.»

Er stürzte sich in die Arbeit, revidierte binnen kürzester Zeit seine über Jahre ausgefeilte Triebtheorie und formulierte nun den Todestrieb als Kernproblem des Menschen. In einem Brief an seinen Schweizer Kollegen Ludwig Binswanger schrieb er über sich und seine Frau Martha: «Die Ungeheuerlichkeit, daß Kinder vor den Eltern sterben sollen, haben wir beide nicht überwunden.»

An dieser Ungeheuerlichkeit nagen auch wir. Man muss nichts interpretieren. Schlafen ist genauso anstrengend wie Wachsein. Ich träume jede Nacht von

John. Neben allem anderen zeugt das immerhin auch von einer weiter bestehenden, großen Nähe.

34

Beherrscht dich ein Gedanke, so findest du ihn überall ausgedrückt, du riechst ihn sogar im Winde. Thomas Mann. Wir beziehen die Welt auf uns, deuten sie auf uns zu. Ist man schwanger, sieht man plötzlich überall Schwangere, Kinderwagen und Kleinkinder. In der Trauer ist das etwas anders, denn den Tod sieht man nicht. Als verwaiste Mutter sehe ich keine anderen verwaisten Mütter, es sei denn, ich begebe mich explizit in eine Trauergruppe, die aber schon wieder eine Sonderwelt darstellt. Im Alltag fehlen die sichtbaren Anhaltspunkte und so schwebe ich als trauernde Mutter ein wenig referenzlos durch die Gegend.

Es fühlt sich immer noch unmöglich an, dass John nie mehr da sein wird. Ich muss mir wieder und wieder die Zeit unseres Abschieds vergegenwärtigen. Was für ein treffendes Verb das ist, *vergegenwärtigen*. Wie gut, dass wir diesen auf zwei Wochen ausgedehnten Abschied hatten. Durch ihn dringt die Erkenntnis zum Bewusstsein vor, dass John wirklich nie mehr da sein wird. Das verlangt schließlich die Zwangszustimmung zur Realität.

Immer stärker nehme ich den absurden Gegensatz wahr, in dem Scott und ich uns im Verhältnis zum äußeren Geschehen befinden. Jeden Tag werden im Fernsehen und in den sozialen Medien Kleinigkeiten dramatisiert, das große Aufmerksamkeitsgerangel mit dem Tempo und dem schrillen Ton, den es mit sich bringt. Wir dagegen haben das vielleicht Drama-tischste erlebt und sind im Kern der Stille gelandet. Es ist so ein Gegensatz.

Für uns ist die Welt stehen geblieben, gleichzeitig sehe ich, wie draußen das Leben weitergeht, im ver-rückten Jahr 2016, sehe, wie die Klimakrise sich ver-schlimmert, die Engländer die EU verlassen wollen, die Türkei sich von der Demokratie verabschiedet, auch Ungarn, und Polen, überall Sorgen um Europa, und die Amerikaner wählen Trump zum Präsidenten. Ich hätte fast erwartet, dass mir das alles nun egal sein könnte, aber eher das Gegenteil ist der Fall. Das alles, wie auch jedes Schicksal, berührt mich ungemein. Mein Bezugssystem war John, über mehr als 15 Jahre, und jetzt ist es die ganze Welt. Wir finden uns gleich-zeitig überall und nirgendwo wieder.

Früher hätte ich mich bei solchen Nachrichten mit John aufs Sofa gekuschelt, er hätte mir seinen Kopf für eine Massage hingehalten, und hätte mich danach an-gestrahlt, wie nur er es konnte: so glücklich zu sein über eine Kopfmassage. Muttergefühle ohne Gegen-wart und Zukunft. Die Gedanken und Gefühle sind wie mit Helium gefüllte Luftballons, die ziellos und im Grunde unerreichbar unter der Decke schweben. Würde ich das Fenster öffnen, flögen sie auf Nimmer-wiedersehen davon, was einer Selbstauflösung gleichkäme. Ich kann für den Moment nur froh sein, wenn die Ballons zumindest unter der Decke schwe-ben.

35

Im Schrank stehen die Aktenordner mit Behördenpa-
pieren: Berichte aus verschiedenen Krankenhäusern,
Arztbriefe, Unterlagen von der Krankenkasse und
der Pflegeversicherung, Hilfsmittelanträge, Papiere
zur Eingliederungshilfe für behinderte Menschen,
Anträge für den Schultransport, Stellungnahmen des
Kinderpsychiatrischen Dienstes, Berichte aus verschiedenen Sozialpädagogischen Zentren, Testergeb-
nisse vom Autismus-Zentrum, Therapieberichte,
Pflegetagebücher, Gutachten des Medizinischen
Dienstes, Stundenzettel der Verhinderungspflege,
Anfallsprotokolle. Etwa dreizehn Jahre von Anträ-
gen, Bewilligungen, Ablehnungen und Widerspruchsverfahren. Dokumente der Verwaltung unseres Ausnahmezustands. *Abweichungsheterotopie.*

Aus der Außensicht, die ich nun einnehme, ist es
erschreckend. So schlimm hat es sich früher nicht an-
gefühlt. Oder sage ich das nur jetzt, da alles vorbei ist?

Ich fange an zu schreddern und bewahre nur noch
die Dokumente mit persönlichen Inhalten auf, zum
Beispiel die jährlichen Entwicklungsberichte der Einzelfallhelfer. Ich trage säckeweise geschredderte Papiere in den Müllraum, sie füllen die ganze große Pa-
piertonne.

Wo ich schon einmal dabei bin, lösche ich auch
gleich alle Kontaktdaten, die nur für John in meinem
Adressbuch standen: eine überwältigende Vielzahl
von Ärzten, Sachbearbeitern und Kontaktpersonen in

verschiedenen Institutionen und Behörden. Danach kommt mir das Adressbuch vor wie ein Skelett. Blutleer. Passend, wie mein Leben jetzt. Sobald in meinem Kalender auch noch alle für die Schulferien reservierten Markierungen gelöscht sind, sieht auch der aus wie eine Wüste. Eine angemessene Leere.

Draußen wird es immer ungemütlicher, es ist November. Die gefühlt doppelte Schwerkraft in der Trauer. Am liebsten würde ich nur noch liegen. Die Sehnsucht nach John scheint immer größer zu werden, je mehr Zeit vergeht. Wörter bekommen neue Dimensionen, namentlich dieses: mutterseelenallein. Andere Wörter verlieren ihren Sinn: unzertrennlich.

Auf dem Friedhof ertappe ich mich bei dem Gedanken, dass es John kalt sein muss und ich bin froh, dass wir ihm doch die dickere Bettdecke mit in den Sarg gelegt haben. Wie irrational auch wieder. Das ist wieder dieses magische Denken, es spielt natürlich überhaupt keine Rolle, ob Johns Körper dort unten eine Decke hat oder nicht, aber so sind die Intuitionen. Eine Mutter, die Kälte spürt, zieht ihrem Kind auf dem Weg nach draußen noch schnell eine wärmere Jacke an. Diese Form der Übertragung ist ja auch ein großer Teil des Elternseins, vor allem in der Zeit, in der ein Kind noch nicht sprechen und seine Bedürfnisse noch nicht gut selbst ausdrücken kann. So war es bei uns in gewisser Weise immer geblieben und das legt sich nach so vielen Jahren nicht leicht ab.

In der U-Bahn trägt ein Junge die gleiche blaue Winterjacke, die John einmal gehabt hat. Was für ein

Anblick. Überwältigt steige ich aus der U-Bahn aus und laufe die letzten beiden Stationen zu Fuß. Auf dem Weg sehe ich an einer Häuserwand in Neukölln ein Graffiti: *Don't forget the struggle.* Netter Versuch, denke ich zuerst. Als ob das überhaupt eine Möglichkeit wäre. Aber dann stimmt es mich doch ein bisschen versöhnlich, dass es eine Jugend gibt, die es offenbar noch für möglich hält, im Leben den Kampf zu vergessen und die deshalb an einer Häuserwand daran erinnern zu müssen glaubt.

36

Wie geht das, immer tiefer und tiefer zu fallen, das geht doch gar nicht, da müsste doch irgendwann ein Boden auftauchen, oder ich müsste am anderen Ende der Erde wieder herauskommen. Die Antipodenkarte zeigt gegenüber von Berlin einen Punkt im Südpazifik, nahe der Datumsgrenze, das nächste Festland wären die Chathaminseln. Da hatten die Deutschen auch schon ihre Finger im Spiel, siehe *Deutscher Plan zur Kolonisierung der Chathaminseln*. Ganzjährig acht bis 15 Grad, eher kühl, aber die Bilder der Inseln sehen hübsch aus. Wenn ich am anderen Ende der Welt herauskäme, müsste ich die Chathaminseln allerdings auch erst einmal erreichen, genau gegenüber ist nur Ozean.

37

Auf dem Friedhof sprechen wir mit einem Vater, dessen achtjähriger Sohn vor 13 Jahren gestorben ist. Wir stehen am Grab des Jungen und ich denke: Heute wäre er nun also 21, aber er wird für immer acht sein. In dem Moment geht mir auf, dass das ja dann wohl auch für John gilt: Für immer 15.

Der Vater erzählt, dass der Schmerz niemals weggeht. 13 Jahre nach einem Tod trägt so eine Aussage einiges an Autorität und Wirkung mit sich. Es erschreckt mich allerdings nicht, ich finde seine Äußerung im Gegenteil sogar beruhigend. Solange der Schmerz bleibt, bleibt auch die Verbindung zu John. Den Schmerz zu fühlen ist wie eine Art Liebesbeweis. Wenn ich zuließe, dass der Schmerz abnimmt, würde damit nicht auch die Liebe kleiner werden? Was passiert beim Tod eines geliebten Menschen mit der Symbiose, die jeder Liebe innewohnt? Wie ist das überhaupt: Wenn wir es schaffen, ohne John weiterzuleben, schmälert das nicht, quasi rückwirkend, die Liebe zu ihm? Wenn ich John so geliebt habe, wie ich denke, und es immer noch fühle, müsste es doch unmöglich sein, ohne ihn weiterzuleben. Allein die Tatsache, dass ich noch hier bin, ist sie nicht Indiz für ein Loch in der Liebe? Das kann man so nicht aufrechnen, aber im Gefühl kommt das nicht an. Ich empfinde es als gute Nachricht, dass mir nun dieser Vater nach 13 Jahren ohne seinen Sohn sagt: «Der Schmerz hört niemals auf.» Die Wunde wird nicht geschlossen. Das ist das, was mich rettet.

Jeder kennt Momente des Unerträglichen, und wir tragen dieses Unerträgliche nun für den Rest unseres Lebens in uns. Mitten in mir ist so eine Art Krater, der bleibt, und in dem vielleicht mit der Zeit irgendetwas wächst, aber der Schmerz und die Sehnsucht sind eingezogen, um zu bleiben. Unsere neuen Mitbewohner.

38

Wir feiern das erste Thanksgiving ohne John. In den USA ist das Erntedankfest ein großer Feiertag, und John hat das damit verbundene Truthahn-Essen immer gemocht. Wir haben einen langjährigen Einzelfallhelfer von John eingeladen und mit dem Essen haben wir uns Mühe gegeben. An Johns Platz steht eine Kerze.

Thanksgiving ist das Fest der Dankbarkeit. Tatsächlich ist die Dankbarkeit mir in den letzten Monaten eine treue Begleiterin geworden. Die Momente, in denen ich eine tiefe Dankbarkeit für die Zeit empfinde, die ich mit John erlebt habe, sind unbeschreiblich schön. Auch wenn mir die Zeit zu kurz vorkommt, habe ich immerhin doch all diese Jahre gemeinsam mit ihm gelebt. Als Mutter eines schwerstbehinderten Kindes war ich schon zu einer ziemlichen Expertin im *Dankbarsein für jeden Moment* gereift, als verwaiste Mutter werde ich nun gefühlt zu einer Meisterin in dieser Kunst. So, so dankbar für alle Tage, die ich John bei mir hatte.

Sie kann ein geradezu grandioses Gefühl sein, diese Dankbarkeit. Sie ist meine geheime Superkraft. Ich habe so eine Form von Dankbarkeit vorher noch nicht gespürt. Als ob mir nichts und niemand etwas anhaben kann, so ist es, wenn die Dankbarkeit alles umfängt.

Eine Bekannte schreibt in einer E-Mail: «Du hast es noch immer geschafft, das Beste aus jeder Situation zu machen. Ich bin sicher, dass es Dir auch dieses Mal gelingen wird.»

Ich weiß, dass das aufbauend, ermunternd, tröstend gemeint ist. Es klingt ein bisschen nach dem Spruch: Wenn dir das Leben Zitronen serviert, mach daraus Limonade. Es trifft aber leider daneben, sowohl in Bezug auf Johns Leben wie auf seinen Tod. Ich habe John so akzeptiert und geliebt, wie er war. Er hat eine starke Persönlichkeit gehabt, und alles, was ihn ausmachte, auch seine Behinderung, war Teil dieser Persönlichkeit.

«Das Beste daraus zu machen», da schwingt die Idee des Optimierens einer nicht eben optimalen Situation mit, die Idee eines zu überwindenden Defizits. Die Redewendung hat eine für mich falsche Konnotation der Umwandlung. Ich habe einfach nur mit Hingabe mein Leben mit John gelebt.

Es gibt Situationen, die man zunächst als tragisch empfindet, aber im Nachhinein vielleicht nicht mehr vorrangig mit der Tragik verbindet. Etwa ein Arbeitsplatzverlust, der zu einer guten neuen Arbeit geführt hat. Je nachdem, wie man bestimmte Ereignisse einordnet, kann man ihnen oft auch etwas Positives abgewinnen, im Idealfall sogar schon, während man noch in der Umbruchssituation steckt, oder spätestens im Nachhinein. Der Tod des einzigen Kindes ist aber keine solche Situation. Die Lage ist jeden Tag noch genauso tragisch, wie man am Vortag dachte. Ich interessiere mich nicht für die Produktion von Limonade, ich möchte die Zitrone verstehen. Der Wunsch oder besser die Notwendigkeit, mit Johns Tod Frieden zu schließen, hat nichts damit zu tun, das Beste aus einer Situation zu machen. Es geht dabei nicht um eine produktive Verwandlung. Die Art der inneren Bewegung ist eine andere.

Aber auch Sätze, die für mich falsch klingen, helfen mir. Indem sie etwas ausdrücken, was so nicht stimmt, scheint beim Nachdenken über sie etwas hervor, das ich vorher noch nicht so hätte benennen können.

40

Sollen wir über Weihnachten und Neujahr verreisen, möglichst weit weg von unseren Feiertagen mit John in Berlin? Ich sehe mich irgendwo in der Wärme auf einem Balkon am Meer sitzen und doch nur denken: «Was soll ich hier?» Wir können vor der Situation nicht weglaufen, früher oder später müssen wir uns jedem Anlass stellen, besser gleich ganz und gar, denke ich, auch an Weihnachten. Also verbringen wir, in Erinnerung an die Feiertage mit John, das Fest und den Jahreswechsel in Berlin.

Wir fahren zum Friedhof, holen auch in der Kälte unsere Klappstühle aus den Büschen und sitzen am Grab. Wie betriebsam es an Heiligabend auf dem Friedhof ist! Die Menschen schmücken die Gräber mit Weihnachtsschmuck, bringen frische Blumen, Wintergestecke und Kerzen. Die Farben und Lichter tauchen den Friedhof in eine festliche Atmosphäre. Überall stehen Menschen an den Gräbern, wir treffen einige Bekannte, wünschen uns gegenseitig *Frohe Weihnachten*, ehrlich und unironisch. Wie das gemeint ist und gehen kann, dieses Verständnis teilen wir mit den anderen regelmäßigen Besuchern auf dem Friedhof. Ich habe nie gewusst, dass Friedhöfe an Heiligabend so belebt sind, aber es wird einem natürlich gleich klar, wenn man darüber nachdenkt. Natürlich ist der Heiligabend ein Toptag auch für diese Liebe.

Zu Hause koche ich wie immer an Heiligabend Rouladen. John hat in den letzten Jahren, in denen er so gewachsen ist, gleich zwei davon gegessen. Wie schon an Thanksgiving steht an seinem Platz eine Kerze. Wir haben sogar einen Baum gekauft und geschmückt. Hätten wir das nicht getan, wäre es mir ein bisschen wie ein Verrat an unserem gemeinsamen Leben vorgekommen.

John hat den Weihnachtsbaum geliebt. Er hat immer direkt daneben auf dem Sofa gesessen und den Baum mit den Lichtern und dem bunten Schmuck regelrecht angehimmelt. Einige Kugeln haben ihm besonders gefallen und er hat gerne mit ihnen gespielt. Er hat die Bänder eingedreht und zurückflipsen lassen, bis es manchmal den Baum gefährlich ins Wanken brachte. Dann mussten wir ihn ermahnen, sich nicht zu sehr in das Spielen hineinzusteigern. John konnte in Bezug auf wiederholte Bewegungen so eine Obsession entwickeln, dass es irgendwann kippte und er wütend die Kontrolle über sich verlor. Wenn es gefährlich wurde, nahmen wir die begehrtesten Teile vom Baum.

Wir sagten: «Nur für eine Stunde, Johnny. Wenn Du Dich beruhigt hast, hängen wir sie wieder auf.»

Das hat ihn nicht immer besänftigt, er wollte seine Lieblings-Drehkugeln am liebsten sofort zurück. Er hat nicht verstanden, dass er gerade fast den ganzen Baum umgerissen hätte. Aber er hat sich auch mit einem bewundernswerten Vertrauen in unsere Vorgaben gefügt, und sich gefreut, wenn wir die Lieblingskugeln wieder aufgehängt haben.

Hier ist des Säglichen Zeit, hier seine Heimat.
Sprich und bekenn. Mehr als je
fallen die Dinge dahin, die erlebbaren, denn,
was sie verdrängend ersetzt, ist ein Tun ohne Bild.
Tun unter Krusten, die willig zerspringen, sobald
innen das Handeln entwächst und sich anders begrenzt.

(Rainer Maria Rilke: Duineser Elegien)

Über dem Tod von John liegt nun eine Kruste von einem Jahr. Sie zerspringt jederzeit willig in Gedanken an ihn. Wenn ich an John denke, fallen mir spontan lauter Adjektive ein: stürmisch, liebevoll, fordernd, unberechenbar, kuschelig, nah, ernst, naturverbunden. Mir fällt ein, wie er beim Tandemfahren bergauf nie treten wollte. Das hat er gerne seinem jeweiligen Tandempartner überlassen. Als Autist war er ein natürlicher Rebell, aber keiner hätte großzügiger sein können. John hat uns mit Küssen und Liebe überhäuft, allerdings manchmal auch mit Bissen und Kratzern, wenn es ihm nicht gut ging, er sich nicht mitteilen konnte, beziehungsweise wir ihn nicht verstanden haben, je nach Perspektive. Ja, John konnte zerstörerisch sein, aber das war die Ausnahme. Was er immer war: uns auf eine enorme Weise zugewandt, echt und ehrlich.

John hat viel von uns verlangt, aber wir umgekehrt auch von ihm. Das war die Prämisse des Miteinanders von uns als sprechenden, neurotypischen

Eltern und ihm, unserem nicht-sprechenden, autistischen Sohn. Wir mussten durch unsere Verschiedenheit viel voneinander verlangen.

Es stimmt dabei nicht ganz zu sagen, dass John nicht sprechen konnte. Er hatte stille Phasen, in denen er tatsächlich gar nicht sprach, aber auch immer wieder solche, in denen er viel lautiert und nachgeahmt hat. Er sagte dann Wörter oder Satzteile, die er zu Hause, in der Kita und später in der Schule häufig hörte. Er teilte auch Versatzstücke von gehörten Sätzen auf und kombinierte sie neu. «Hör jetzt – also – gut!», das war so eine Kombination: von *Hör auf*, *Na also* und *Jetzt ist aber gut*. Wir konnten in Johns Betonung der Einzelteile ihren Ursprung genau erkennen. Remixology haben wir es genannt. Inhaltlich bedeutete das Lautieren meistens nichts, aber zu sagen, er sei ein nicht-sprechendes Kind gewesen, ist doch eine verkürzte Darstellung.

Ich habe noch keine Wut verspürt. Worüber oder auf wen sollte ich wütend sein? Es trägt niemand eine Schuld an Johns Tod. Die Zeit vergeht wie im Flug, irgendwie an uns vorbei, über uns hinweg. Wir sind immer noch völlig damit ausgelastet, die Situation einfach nur zu ertragen. Ich habe keine Ahnung, wo das vergangene Jahr geblieben ist. Gefühlt habe ich nur im Bett gelegen und erschrocken die Decke angestarrt. Was gar nicht stimmt, denn in Wahrheit habe ich viel gearbeitet.

Ich rufe bei der Krankenkasse an und bitte darum, dass sie Johns dreirädriges Reha-Fahrrad abholen. Es ist ein teures Fahrrad, das erst nach einem Widerspruchsverfahren bewilligt wurde, und es ist noch nicht alt. Ich hoffe, dass ein anderes Kind davon profitieren kann. Wir sehen dabei zu, wie der Mann, der nach mehreren Kontaktversuchen schließlich das Rad abholt, es in seinem Transporter festzurrt. Dieses Bild von Johns Fahrrad, wie es in der Mitte einer ansonsten völlig leeren Ladefläche steht, zu beiden Seiten mit Gurten befestigt, es prägt sich mir sofort ein. Der Mann steigt zu uns herunter, schließt die Tür, eine Unterschrift noch und dann blicken wir dem Transporter nach, wie er am Ende der Straße um die Ecke biegt und verschwindet.

Das erste Jahr nach Johns Tod kommt mir vor wie ein Puzzle aus solchen Endmomenten. Ein Abschied und ein Abschluss nach dem anderen. Jeden Tag haben wir auf die ein oder andere Art ein Kapitel geschlossen, verbunden mit der Gewöhnung an alle Aktivitäten und Momente ohne John. Wir haben ein Jahr lang alles zum ersten Mal allein erlebt. Feiertage ohne John, Jahreszeiten ohne John. Jetzt schließt sich dieser Kreis von Augenblicken. Von nun an können wir nicht mehr sagen oder denken: Vor einem Jahr haben wir dies oder jenes noch mit John erlebt. Es war eine Art Anker für die Gefühle und Erinnerungen: *Vor einem Jahr*. Dieser Blickwinkel steht uns ab jetzt nicht mehr zur Verfügung.

Es gibt kein Trauerjahr. Oder besser gesagt, es gibt die Begrenzung nicht, die der Begriff impliziert. Ich verstehe schon, dass man gerne daran glauben möchte. Wenn keine Aussicht besteht, das Auslaufende irgendwann einhegen zu können, wird es zu einer Bedrohung für das System. «Alles hat seine Zeit» bedeutet vornehmlich auch, dass alles ein Ende haben soll, damit der Rest weitergehen kann. In Wahrheit aber geht es nach dem ersten Jahr nur anders weiter, nämlich mit einem Blickwinkel weniger.

42

Die große Stadt bietet immer neue Ebenen, sie passt sich dem Leben an, man kann sie für sich nach Bedarf weit auffächern oder zusammenschnurren, in ihr aufgehen oder sich in ihr verschließen, sie liegt wie eine Blaupause bereit zum Zeichnen der Linien, derer man bedarf. Im Berlin der neunziger Jahre habe ich während des Studiums die Wendezeit miterlebt, mit den Clubs und dem Nachtleben, in diesem besonderen Moment der Geschichte, als in der Stadt wie im eigenen Leben alles offenstand. Mit John lernten wir später zuerst die Spielplätze, Springbrunnen und Planschen der Stadt kennen, dann die Infrastruktur der Krankenhäuser und Behindertenhilfen. Jetzt sind wir vom Aufbahrungsraum am Neuköllner Richardplatz über das Leben auf dem Friedhof in Kreuzberg zu den in der Stadt verteilten Steinmetzen und Bildhauern gelangt, die die letzte Markierung eines Lebens in Stein meißeln. Wir suchen nach einem passenden Grabstein.

Wir lassen uns Zeit mit der Suche. Wir haben es nicht eilig, im Gegenteil. Wir haben alle Zeit der Welt, denn Zeit spielt für uns keine Rolle mehr. Wir sind Aussteiger, nur mitten in Berlin. In all der Trauer fühlt sich das gut und richtig an. Zur Freude über die Natur und zu den als so groß und stark empfundenen Dankbarkeitsgefühlen gesellt sich ein weiteres positives Gefühl in der Trauer: eine innere Ruhe, die in diesem Gefühl der Zeitlosigkeit liegt.

Ich verstehe jetzt, dass das Loslassen, welches der Tod einfordert, gar nicht so sehr in Bezug auf den geliebten Menschen gilt, der nicht mehr da ist. Große Diskussionen gibt es in Trauerbüchern darüber, ob man die Toten loslassen muss oder nicht. Früher hielt man das Loslassen für nötig, heute eher nicht. Ich finde, es gehört zum kleinen Einmaleins der Liebe, dass man gleichzeitig loslassen und weiterlieben kann. Die Diskussion geht für mich am Kern vorbei.

Nach dem Tod eines geliebten Menschen verändert sich das Leben derjenigen, die weiterleben. Das Loslassen in der Trauer ist ein Loslassen des eigenen alten Lebens, das man ohne den Verstorbenen nicht mehr weiterleben kann. Ich bewahre John in meinem Herzen und lasse mein Leben los.

Diese zeitlose innere Ruhe, die ich spüre, entsteht auch im Bewusstsein, dass ich jetzt das Schlimmste erlebt habe, das passieren kann. Es bleibt nichts mehr zu fürchten, zu schaffen, zu wollen. Das kann bestimmt auch ein resignatives Gefühl sein, im Moment fühlt es sich aber im Gegenteil befreiend an. Nichts drängt mehr, nichts ist eilig. Und schließlich habe ich andererseits auch schon das Beste erlebt, was das Leben zu bieten hat. Fünfzehneinhalb Jahre große Liebe, eine überwältigende Erfahrung. Ich habe so viele Erinnerungen, ich habe das Gefühl, ich kann die nächsten Jahrzehnte problemlos einfach nur mit Erinnern zubringen.

Auf unserer Suche nach einem Grabstein entdeckt Scott bei einem Steinmetz einen Muschelkalkstein und sagt: «Guck mal. Der hier sieht aus, als ob John mit Fingerfarbe drauf gemalt hat.» Wir fragen nach, woher der Stein kommt. Auf keinen Fall möchten wir einen Grabstein etwa aus Indien oder China. Zum Glück kommt dieser aus Thüringen. Wir suchen eine Schrift aus und e-mailen dem Steinmetz die Datei eines Fotos, das wir für den Stein ausgesucht haben.

Was für ein aufwühlender Augenblick, als wir das erste Mal auf dem Stein Johns Namen mit den Daten eingemeißelt sehen. Nun ist die Endgültigkeit besiegelt:

John Frederick Knight

7. September 2000 – 5. März 2016

Die Fotofliese auf dem Stein hat 100 Jahre Garantie. Wer soll das überprüfen? *Übergabe an die Ewigkeit.*

43

Im zweiten Jahr auf dem Friedhof sind uns die Rhythmen der Pflanzen schon vertraut. Wir wissen, dass die Blätter am kleineren Ginkgo vor denen bei seinem größeren Kollegen wachsen. Der Rosenbusch, den wir letztes Jahr im Frühling gepflanzt haben, ist in seinem zweiten Jahr deutlich kräftiger und größer geworden. Wir pflanzen neben dem Grabstein eine Florentina-Kletterrose und eine Klematis ein.

Johns Zimmer ist noch unberührt, seine Spielsachen stehen noch im Wohnzimmer. Vor meinem inneren Auge sehe ich John die Verstecke von Süßigkeiten in der Wohnung absuchen, in unserem großen Bett herumlungern, in der Lieblingssofaecke sitzen oder in seinem grünen Wave-Sessel Musik hören. Ich sehe vor mir, wie John sich das Video von Deee-Lite, *Groove is in the heart*, ansieht. Das war vielleicht sein Lieblingsvideo, der Rhythmus, die knalligen Farben, und wie er immer gelacht hat, wenn die losgelösten Köpfe auftauchen. Ich sehe ihn bei dem Lied so heftig seinen *signature* Sitztanz performen, dass am Fuß des Sessels wieder eine Schraube bricht. Wie oft haben wir den Stuhl repariert, er ist in keinem guten Zustand mehr. Eines Tages werden wir uns vielleicht ein Herz fassen und ihn zum Wertstoffhof bringen. Jetzt noch nicht.

An Johns Grab zu sitzen hat etwas Sanftes, das Gegenteil dessen, was passiert ist. Auf dem Friedhof ist alles klar. Wir haben nichts in der Hand als das. Hier ist nichts abrupt, grausam oder radikal. Hier ist alles langsam und zart. Ich muss an den französischen Pädagogen Fernand Deligny denken, der jahrzehntelang mit autistischen Kindern gelebt hat und dessen Schriften mir im Umgang mit John viele Ideen gegeben haben. Deligny hatte geschrieben, dass die fortwährende Präsenz des Autismus im Leben zu einer Zähigkeit führe, «ähnlich wie das Zarte durch Gerben zu Leder wird.»

Zart und zäh, diese Gleichzeitigkeit war für Deligny der Kern des Lebens mit den Autisten. Darin hatte ich damals auch unser Leben erkannt. Einerseits die stereotypen Verhaltensweisen des Autismus, das Feststecken in scheiternden Versuchen der Kommunikation, die in Aggressionen mündende Überforderung. Andererseits die vorurteilsfreie Zugewandtheit, die Beobachtungsgabe, die Fähigkeit zum puren Sein. Auch wenn sich der Alltag oft zäh gestaltet, liegen im Autismus viele zarte Eigenschaften.

Jetzt kommt es mir so vor, als ob das auf eine Art auch nach Johns Tod so bleibt, diese Lederexistenz. Der Tod hat uns John abrupt weggerissen, aber das Leben auf dem Friedhof ist nicht grausam. Es ist noch nicht einmal dunkel. Die Empfindung jeglicher Zartheit grenzt immer ans Schmerzhafte. Der Satz lässt sich aber auch umdrehen. Der Südstern ist für uns der Ort, an dem der Schmerz zart wird.

44

Unsere erste Urlaubsreise an einen Ort, an dem wir nicht mit John gewesen sind, führt uns nach Israel. Wir reisen zwei Wochen lang mit einem Mietwagen durch das Land, fahren vom See Genezareth im Norden bis in die Negev-Wüste im Süden. Wir stehen auf den Golan-Höhen, baden im Toten Meer und erkunden Tel Aviv. Wir besuchen meinen Cousin, der mit seiner Familie nicht weit vom Gazastreifen entfernt wohnt. Sein achtjähriger Sohn erklärt uns, wie der Bunker in der Wohnung bei Raketen- oder Giftgasangriffen funktioniert. Ein achtjähriger Junge, und sein ganzer Stolz ist ein Bunker. Eine Kollegin und ihr Mann zeigen uns in Rehovot eine Orangenplantage und führen uns über den Weizmann-Campus. Beim Mittagessen überreichen sie uns ein Zertifikat. Sie haben im Erinnerungswald *Lavi Forest* in Galiläa in Johns Namen einen Baum pflanzen lassen. So hat John jetzt einen Baum in Israel.

Zum Abschluss der Reise wohnen wir in einer Ferienwohnung in Jerusalem. Von dort aus möchten wir Ellen, eine ehemalige Babysitterin von John, besuchen. Sie arbeitet seit sechs Jahren an der deutschen Schule in Beit Jala im Westjordanland.

«Am besten kommt ihr mit dem Bus», sagt Ellen. «Das ist ganz einfach. Ihr lauft Richtung Altstadt und von dort zum Damaskustor nach Ost-Jerusalem. Dort ist der Busbahnhof der arabischen Busse. Sagt dem Fahrer einfach den Namen der Schule, dann lässt er euch direkt davor aussteigen. Es gibt keine richtigen Haltestellen.»

Wir finden problemlos den Bus, der Fahrer spricht zwar kein Englisch, versteht aber den Namen der Schule. Der Bus verlässt Jerusalem und zum ersten Mal durchfahren wir einen richtigen Checkpoint. Wir sehen uniformierte Jungen, die wie Teenager aussehen, mit riesigen Maschinengewehren. Auf der anderen Seite des Checkpoints befinden wir uns immer noch in einem von Israel kontrollierten Gebiet, der sogenannten C-Zone. Das Westjordanland ist in drei Zonen eingeteilt. Die A-Zone ist ein autonomes palästinensisches Gebiet, die B-Zone teilautonom und die C-Zone steht unter israelischer Verwaltung.

Irgendwann sehen wir rechts von der Straße die Schule, aber der Bus hält nicht an. Es scheint ein großer Campus zu sein, vielleicht hält der Fahrer an einem anderen Eingang, denken wir. Der Bus biegt in eine Straße ein, fährt weiter, vor uns taucht ein großes, rotes Schild am Straßenrand auf: «Autonomes palästinensisches Gebiet. Zutritt für israelische Staatsbürger verboten.»

Der Bus fährt weiter, hinein in die A-Zone. Es scheint nun doch offenbar, dass wir zu weit gefahren sind. In die A-Zone sollten wir laut Ellen gar nicht hinein. Der Busfahrer hält etwa hundert Meter hinter dem Schild an und winkt uns zu, dass wir aussteigen sollen. Er deutet die Straße zurück und wir verstehen, dass wir zurücklaufen sollen. Was ist passiert? Hat er uns vergessen?

Dass wir nun allein durch die A-Zone laufen, hatten wir nicht geplant. Wir haben kein Gefühl dafür, wie sicher oder unsicher das sein mag. Wir gehen zurück, sind schnell in der C-Zone und kommen irgendwann an eine Kreuzung, die wir meinen, aus der Busperspektive wiederzuerkennen. Hier waren wir doch abgebogen, also müssten wir nach links gehen, aber es ist noch immer keine Schule in Sicht. War das wirklich so weit?

Gegenüber steht ein offiziell aussehendes Gebäude. Die Schriftzeichen auf dem Schild können wir nicht lesen. Das Problem haben wir seit zwei Wochen. Wir hatten in jüdischen und in muslimischen Gebieten übernachtet, im Supermarkt waren wir entweder mit hebräischen oder arabischen Schriftzeichen konfrontiert. Wir hatten oft nicht so recht gewusst, was wir kaufen.

Die Straßenschilder sind normalerweise in drei Sprachen verfasst: Hebräisch, Arabisch und Englisch. Im Norden waren wir einmal so tief in die Berge gefahren, dass es dort irgendwann nur noch Schilder in hebräischer und arabischer Schrift gab. Ratlos gegenüber Zeichen, die wir nicht deuten konnten, fuhren wir einfach weiter. Irgendwann müssten wir irgendwo ankommen, wo wir uns wieder zurechtfinden, dachten wir. Dann tauchte plötzlich das erste englischsprachige Schild seit einer dreiviertel Stunde auf: «ATTENTION! Lebanese border in 50 m.» Also waren wir den ganzen Weg zurückgefahren.

Hier, vor dem Gebäude im Westjordanland, stehen drei Frauen in Berufskleidung, vielleicht Sprechstundenhilfen oder Krankenschwestern. Wir gehen hinüber und fragen auf Englisch nach dem Weg zur Schule. Das Gebäude stellt sich als Zahnmedizinisches Zentrum heraus, eine Frau spricht Englisch und sie erklärt uns, dass die Schule gar nicht weit entfernt liegt, wir sind schon auf dem richtigen Weg.

So kommen wir zur Schule und werden hineingelassen, als wir Ellens Namen nennen. Hinter dem Tor erstreckt sich tatsächlich ein weitläufiger Campus. Mit über tausend Schülerinnen und Schülern ist die deutsche Schule die größte Schule in Palästina.

Den arabischen Bussen ist von der israelischen Behörde gerade vor zwei Tagen verboten worden, an der Schule zu halten, erklärt uns der Pförtner. Das wusste selbst Ellen noch nicht, da sie mit dem Auto zur Arbeit fährt. «Typisch Schikane», winkt sie ab. «Sowas kommt immer wieder vor, davon darf man sich nicht beeindrucken lassen.»

Wir erzählen ihr, dass wir doch ein bisschen beeindruckt waren, weil wir nicht abschätzen konnten, ob es in der A-Zone gefährlich für uns ist. Und vorher dieser Checkpoint. «Du fährst jeden Tag mit dem Auto da durch?», frage ich. «Macht dir das denn keine Angst, diese Soldaten mit den Maschinengewehren?»

«Ach was, diese Bubis, die machen mir doch keine Angst», erwidert Ellen. Wahrscheinlich braucht man hier so eine Einstellung, denke ich. Oder vielleicht stellt sie sich auch irgendwann automatisch ein, wenn man länger hier wohnt. Es wird schließlich immer alles schneller zur Normalität, als man denkt.

Ellen zeigt uns die Schule und danach fahren wir mit ihrem Auto in die Berge von Beit Jala. «Ich muss euch unbedingt einen großartigen Biohof zeigen», sagt sie. «Der wird von einem palästinensischen Künstler und Filmemacher betrieben. Er hat ein paar Jahre in Portland, Oregon gewohnt, da hat er solche Projekte kennengelernt: Gemüseanbau, Restaurant, Kunstausstellungen, Filmabende, alles auf einem Hof. Er ist in seine Heimat zurückgekommen und hat das hier aufgebaut.»

Vom Parkplatz führt ein Trampelpfad zum Haus, die Sitzplätze für das Restaurant sind draußen, es sind überdachte Nischen mit arabischen Bodenmöbeln und mit Blick über Olivenhaine hinunter ins Tal. Wir trinken Wein, den der Besitzer selbst anbaut, essen Hummus, Taboulé und Oliven. So gutes Olivenöl, wie das aus der eigenen Produktion hier, habe ich noch nie gegessen.

Wir sprechen über John. Wie Ellen früher immer mit ihm zum Badesee gefahren ist. Wie wir damals zuerst im Krankenhaus und danach zu Hause die Ketogene Diät durchgeführt haben, eine grammgenau abgewogene Ernährungsintervention, die den Körper in den Zustand der Ketoaszidose bringt, einen Zustand, in dem einige Menschen mit Epilepsie keine Krampfanfälle mehr haben. Wie schwer das zu kontrollieren war, besonders auf dem Spielplatz, wo so viele Eltern Apfelstücke und anderes dabeihaben. Ein

Bissen hätte John sofort aus der Ketoaszidose geworfen. Wir hatten drei Monate durchgehalten, aber leider hatte die Ernährungsumstellung die Krampfanfälle bei John nicht vermindert.

Ein Schaf kommt vorbei, guckt uns an und geht weiter. Ich nehme den Ort für einen Moment als perfekte, verwunschene Idylle wahr. Aber Ellen erzählt uns, dass der Besitzer viele Pläne hat, die von der israelischen Verwaltung nicht genehmigt werden. Sobald man sich den schönen Ausblick ins Tal etwas genauer anguckt, sieht man in der Ferne die Schneise, die die Grenzanlage durch die Landschaft zieht. Ich bin froh, dass wir beide Seiten kennengelernt haben. Nichts ist hier wahrnehmbar, ohne dabei die Tiefe des Konflikts mitzusehen, bei allen Beteiligten. Keine Idylle, selbst in der Idylle.

Gegen Abend bringt Ellen uns zurück an den Übergang zur A-Zone. Unterwegs zeigt sie uns die unterschiedlichen Autokennzeichen: die israelischen sind gelb und die palästinensischen grün-weiß. Das war mir vorher noch gar nicht aufgefallen. So viele Details. Wir laufen an dem großen, roten Warnschild vorbei, dieses Mal mit viel weniger Angst. Der Nachmittag im Westjordanland hat uns einen guten Teil des Fremdheitsgefühls genommen. Wir treffen einen freundlichen Mann, der uns den Weg zu einem Ort weist, an dem der Bus halten sollte. Wir stellen uns hin und warten. Leicht merkwürdig ist es schon, so ohne Haltestelle oder Schild, aber nach ungefähr 20 Minuten kommt ein Bus und hält tatsächlich an.

Auf dem Hinweg war der Bus fast leer gewesen, auf dem Rückweg ist er nahezu voll besetzt, größtenteils mit Schulkindern, nur mit ein paar Erwachsenen. Am Checkpoint steigen die Kinder aus. Ein Mädchen, das vor mir gesessen hat, lässt ihr Mathebuch auf dem Sitz liegen. Ich nehme es und laufe ihr nach vorne hinterher.

«Du hast dein Buch vergessen!», sage ich auf Englisch. Sie guckt mich an und versteht mich nicht. Ein Mann lächelt mich an und erklärt mir auf Englisch: «Du kannst es einfach auf ihrem Platz liegenlassen. Die steigen gleich alle wieder ein.»

Wir Touristen dürfen sitzenbleiben, unsere Pässe werden im Bus kontrolliert. Die Schulkinder müssen durch den Checkpoint laufen. Der Bus fährt 50 m vor und auf der anderen Seite steigen die Kinder wieder ein. Zwei Wochen im Land und wir werden immer noch jeden Tag überrascht, haben gefühlt immer noch nichts verstanden.

Wir sind nicht nach Israel gekommen, um Antworten zu suchen. Wir kennen hier Menschen, die wir besuchen wollten, und das hing auch mit John zusammen. Dennoch sind wir natürlich in das Land gereist, in dem drei große Weltreligionen ihre Fragen stellen, auch nach Leben und Tod, parallel zueinander, im ständigen Konflikt miteinander. Der Intensität dieser konflikthaften Auseinandersetzung kann man sich in Israel nicht entziehen. Die Menschen leben, hier wie da, im Zustand des Unmöglichen. Das ist mir nah, und vielleicht ist mir auch deshalb dieses Land so nahegekommen.

45

Ich arbeite für eine Woche in einer Schule in Landsberg am Lech, Scott und ich wohnen in einer Ferienwohnung am Ammersee. In der Nähe liegt das Kloster Andechs. Nach dem Unterricht fahren wir dorthin und steigen zunächst auf den Turm der Wallfahrtskirche. In der Schmerzhaften Kapelle sitzen wir danach vor der Pietà aus dem 17. Jahrhundert. *Mater dolorosa*, die schmerzensreiche Mutter mit ihrem toten Sohn auf dem Schoß.

Was man beim Anblick der Pietà sofort wahrnimmt, ist die Trauer um den Tod des Sohnes. Weil ich selbst meinen toten Sohn im Arm gehalten habe, trifft mich die Abbildung vielleicht besonders stark. Ich kann gar nicht weggucken. Je länger ich hinsehe, umso mehr denke ich aber auch daran, dass es bei der Darstellung der Pietà um mehr geht, als um diesen einen Moment. In ihr wird auch das Gedächtnis der sieben Schmerzen Mariens zusammengefasst, und diese Schmerzen beginnen weit früher als mit dem Tod. Ich erinnere mich nicht mehr an alle sieben Schmerzen, aber spontan ist mir eine Episode in Erinnerung.

Jesus ist zwölf Jahre alt, als seine Eltern mit ihm eine Pilgerfahrt nach Jerusalem unternehmen. Auf dem Rückweg nach Nazareth merken Maria und Joseph, dass Jesus gar nicht mehr in der Gruppe ist. Sie kehren um und es dauert drei Tage, bis sie ihren Sohn im Tempel finden. Maria versteht nicht, wie Jesus seinen Eltern das antun konnte. Das ist einer der sieben

Schmerzen: der Schmerz der Entfremdung. Jesus wiederum versteht nicht, warum seine Mutter solche Angst gehabt hat. Für seine Begriffe ist er schlicht am richtigen Ort geblieben.

Jedes Kind hat seine eigene Persönlichkeit und löst sich ab einem bestimmten Alter mehr und mehr von den Eltern. Die Kinder neigen dann dazu, streng über ihre Eltern zu urteilen, und die Eltern verstehen das Seelenleben der Heranwachsenden nicht. Diese Entwicklungen finden sich in der Szene wieder.

Sie erinnert mich an John in der Zeit vor seinem Tod. Es ist für mich, neben allem anderen, auch ein besonderer Schmerz, dass John genau in diesem schwierigen Alter gestorben ist, in dem es laufend hin- und herkippt zwischen Nähe und Distanz. Wo er in einem Moment noch auf meinem Schoß sitzen und kuscheln wollte, und im nächsten auf dem Gehweg nicht mehr meine Hand halten. Wie gerne hätte ich John diese Freiheit gegeben, aber da er keine Gefahreneinschätzung für den Verkehr hatte, konnte ich es leider nicht. Einmal war er darüber so sauer geworden, es hatte ihn so aufgeregt, dass er sich mit Gewalt losriss und sich auf den Gehweg warf. Er rollte zwischen zwei parkende Autos und wäre fast überfahren worden. Danach bin ich nie wieder allein mit ihm nach draußen gegangen. Etwa im Alter von zwölf Jahren war John größer und stärker gewesen als ich, und Scott der Einzige, der ihn in einer Krise noch handhaben konnte.

Wir haben John wegen seiner Nonverbalität oft nicht ausreichend verstanden, und er unsere Beweggründe auch nicht. Diese Form der Entfremdung war uns in seinem ganzen Leben präsent, aber sie kulminierte gerade in der Pubertät. Ich sehe die Pietà im Kloster Andechs und denke: Ich hätte John so gerne besser verstanden und ich hätte mir so gewünscht, dass er mich besser versteht, immer, aber besonders in diesem Alter, in dem er gestorben ist.

Für einen Moment kommt es mir vor, als könne niemand meinen Verlust verstehen. Was für ein Unsinn aber. Alle Eltern kennen den Schmerz der Ablösung und früher oder später stirbt jedem ein geliebter Mensch. Beide Erfahrungen sind nicht nur überhaupt nicht einzigartig, sie sind im Gegenteil geradezu musterhaft universell.

Ich muss daran denken, wie ich 2013 eine Reise in Ostafrika geleitet habe. Eine Frau aus meiner Reisegruppe hatte sich am Naivashasee in Kenia bei einem Sturz eine Kopfverletzung zugezogen. Ich hatte sie mitten im Busch in eine kleine, provisorisch wirkende Ambulanz gebracht. Als sie in einem mit rissigem Stoff verhängten Abteil behandelt wurde, hörten wir hinter dem Vorhang eine Frau verzweifelt schreien. Ich lief hinaus, um zu sehen, ob ich ihr irgendwie helfen könnte, aber das war nicht möglich. Ihr Baby war gerade gestorben. Ihr Weinen und Schreien war so durchdringend, sie weinte so rückhaltlos, dass die Not und das Leiden darin komplett sichtbar wurden. Diese Wucht vergesse ich nicht. Ich denke seit Johns

Tod häufiger an diese Frau. Ich hatte damals gedacht, dass ich ihren Schmerz genau spüre, und heute denke ich, dass ich sie erst nach Johns Tod wirklich verstehe. Ich schwanke permanent zwischen diesen Polen: Niemand versteht diesen Schmerz. Oder: Jeder versteht diesen Schmerz.

Genau das findet sich eben auch in der Pietà. Eine laute Touristengruppe kommt in die Kapelle, wir stehen auf und gehen in der Klosterbrauerei ein Bier trinken.

46

Ich sitze in Berlin auf den Stufen vor unserem Haus und beobachte die Menschen, die vorbeikommen. Ein kleiner Junge steht neben seiner Mutter auf dem Gehweg und bewundert die Arbeit eines Baggers auf der gegenüberliegenden Straßenseite. Viele Eltern und Kinder gehen morgens und nachmittags auf dem Weg von und zur Kita *Offensive Krümel* an unserem Haus vorbei. Die neue Baustelle ist in diesen Tagen eine große Attraktion.

Der Junge steht gebannt da, ich sehe, wie er mit jeder Faser seines Körpers von der Arbeit des Geräts fasziniert ist. Es ist für ihn das Allergrößte. Ich stelle mir vor, wie er den Rest des Tages immer wieder von dem Bagger erzählt, wahrscheinlich noch abends, wenn er ins Bett gebracht wird, vielleicht träumt er in der Nacht davon.

Ein Nachbarsjunge kommt vorbei und zeigt mir die neuesten Funde für seine Stocksammlung. An der Hintertür im Innenhof stapelt er seit einiger Zeit kleine und größere Zweige, die er draußen sammelt. Der Junge führt mir begeistert vor, welche unterschiedlichen Zweige er heute gefunden hat.

Ein junges Paar aus unserem Haus kommt mit dem Hund nach draußen. Ich sehe jeden Tag, wie zufrieden die beiden mit ihm spazieren gehen, sie haben ihn erst seit ein paar Wochen und sie sind so glücklich mit ihm. Das haben sie mir erzählt, aber man sieht es ihnen auch ohne Worte jeden Tag an.

Nach dem Abendessen machen Scott und ich einen Spaziergang durch das Viertel, so, als müssten auch wir einen Hund ausführen, dabei müssen wir nur uns und das Vermissen von John ausführen, das Vermissen, das sich jeden Tag neu ansammelt. John fehlt mir, wenn der unbekannte Junge den Bagger bewundert, wenn unser Nachbarsjunge mir seine Stocksammlung zeigt, wenn ich das junge Paar mit dem geliebten Hund sehe. Aber ich möchte sie alle sehen, ich kann kaum genug davon bekommen. Beim Spazierengehen setzen sich die Eindrücke des Tages, vielleicht bilden sie eine neue Schicht in meinem Krater, oder was auch immer das mit mir macht, ich weiß es nicht genau, ich kann es nicht benennen, nur, dass ich die Menschen um mich herum so sehr brauche zum Weiterleben.

47

Ich gehe zum ersten Mal abends aus, zu einer Lesung. Auf dem Weg nach Hause fahre ich durch das nächtliche Berlin und denke: So ist das ja hier in der Nacht! Und diese ganzen Leute, die da unterwegs sind!

Wir gehen das erste Mal wieder ins Kino, *Three Billboards outside Ebbing, Missouri*. Ich muss daran denken, wie wir an Johns 16. Geburtstag das erste Mal nach seinem Tod abends essen gegangen sind. Wie ich da beim Griechen saß und mich eigenartig fühlte, so, als ob ich eine Rolle spiele. Es ist immer noch so, auch der Kinobesuch fühlt sich unwirklich an. Ich tue so, als ob ich essen gehe, ich tue so, als ob ich zu einer Lesung gehe, ich tue so, als ob ich ins Kino gehe. Alles nur gespielt, in Wirklichkeit bin das nämlich nicht ich, ich sitze in Wahrheit immer nur am Südstern.

Ich gehe das erste Mal wieder zum Zahnarzt. Er schimpft ein bisschen mit mir, weil ich zwei Jahre lang nicht zu den Vorsorgeterminen gekommen bin. Ich sage nichts. Ich möchte nicht, dass Johns Tod wie eine billige Ausrede klingt.

Bald wäre John 18 Jahre alt geworden. Wir sitzen am Grab und ich frage Scott, ob er ihn sich volljährig vorstellen kann. Wäre er noch größer geworden? Mit was für einer Persönlichkeit wäre er aus der Pubertät gekommen? Bei einigen Kindern aus unserer Autismus-Elterngruppe hatte die Aggressivität im Erwachsenenalter zugenommen, bei anderen hatte sie sich beruhigt. Hätte John uns weiter lustige Wortkombinationen gemixt? Welche Musik hätte ihm mittlerweile gefallen? Wir können nichts davon wissen. Wir haben kein Bild von John mit 20, John mit 30 oder John mit 40.

Auf dem Friedhof findet eine Beisetzung statt. Die Glocken läuten, der Zug der Trauergemeinschaft geht zu einer Urnenstelle. Der Klang der Glocken hebt die Zeit plötzlich für einen Moment ganz auf. Wir sind innerlich zurückversetzt zu Johns Beerdigung, als wir mit unserer Trauergemeinschaft unter dem gleichen Läuten zum Grab gegangen sind. Eine Zeitreise, ein unmittelbares Wiedererleben, bis der letzte Klang auf den Boden fällt. Wir landen wieder im Jetzt, hier sitzen wir auf unseren Klappstühlen, mehr als zwei Jahre später.

Ich freue mich jedes Mal, wenn sich so eine Tür zu einer unmittelbaren Erfahrung hin öffnet. Am Anfang war John noch so präsent, nun werden die unmittelbaren Erfahrungen immer seltener. Man kann sie nicht willentlich herbeiführen, sie müssen einem

passieren. Wie kostbar sie darum sind. Man muss darauf geduldig warten.

49

Johns erste Lebensjahre haben wir in Chicago gewohnt. Im Stadtteil Roscoe Village habe ich viele
Stunden mit ihm auf verschiedenen Spielplätzen verbracht, schon morgens um sechs Uhr oder sogar früher, nachdem die Epilepsie seinen Tag-Nacht-Rhyth-
mus durcheinandergewirbelt hatte. Zweieinhalb
Jahre nach Johns Tod kommen wir nach Roscoe Village zurück und sehen uns alles noch einmal an.

Einen Block nördlich von unserer ehemaligen Wohnung, an der Ecke School Street und Damen Avenue,
haben wir oft in einem kleinen Lebensmittelladen ein-
gekauft, einer Art vollgestelltem 24-Stunden-Kiosk,
in dem man alles bekam, Milch, Fertiggerichte, Eier,
Shampoo, und in dem aber vor allem Bier, Zigaretten
und Lottoscheine verkauft wurden. Wenn ich hinein-
kam, standen meistens einige Leute an der Kasse vor
der Theke, nicht unbedingt zum Bezahlen, sondern
einfach im Gespräch mit dem Besitzer. Der Laden war
immer geöffnet, man fragte sich, warum das Neon-
schild überhaupt «Open» und «Closed» zur Auswahl
hatte, es leuchtete immer in roter Farbe das «Open».

Der Laden sieht heute noch genauso aus wie früher.
Die kleine Eingangstür ist schräg in die Ecke des Hau-
ses gebaut, ein Schild ragt diagonal in die Straße hin-
ein, «Food and Drinks» steht darauf. Der rotbraune
Backstein der Hausfront ist übersät mit Schildern, die
Biersorten und ihre jeweiligen Preise verkünden:
Budweiser, Miller Lite, Coors. Die Schilder sind

eingefasst in grün bemalte Holzrahmen, ebenso die Eingangstür.

Früher arbeitete dort tagsüber der Besitzer selbst, ein Syrer. Er nannte mich *Sweetheart* und wollte mich jedes Mal überreden, einen Lottoschein zu kaufen. Das war ein Bestandteil unseres Kommunikationsrituals geworden, wie auch seine wiederholte, von einem Kopfschütteln begleitete Bemerkung: «Du kommst aus Deutschland, was zum Teufel machst Du hier? Wenn ich in Deutschland leben könnte, wäre ich morgen hier verschwunden.»

Er hatte damals jahrelang Fotos der Kinder aus dem Viertel gesammelt und über der Kasse aufgehängt. «Diese Fotos werden immer hierbleiben», hatte er gesagt. «Bring mir ein Bild von Deinem Sohn mit, dann hänge ich es dazu. Wenn ihr in 20 Jahren schon längst wieder in Deutschland lebt, denn das ist schon mal sicher, dass ihr das tun werdet, du bist ja ein kluges Mädchen, also wenn ihr in 20 Jahren wieder in Deutschland lebt, kann Dein Sohn nach Chicago reisen, wie alt wird er dann sein, 21, kann hier reinkommen und sein Babyfoto ansehen. Und es wird noch hier hängen, denn wir werden immer hierbleiben.»

Ich hatte ihm beim nächsten Einkauf ein Bild von John mitgebracht. Jetzt betreten wir den Laden, mehr als 16 Jahre später, und die Bilder hängen tatsächlich immer noch da. Ich sehe sofort das Foto von John. Es hängt noch genau an derselben Stelle, an der wir es damals angebracht haben.

Sogar der alte Besitzer ist da. Er habe das Geschäft eigentlich schon seinem Sohn übergeben, sagt er, er sei nur für einen Tag eingesprungen. Was für ein schöner Zufall. Er erzählt, dass einige der Kinder mittlerweile eigene Kinder haben und mit ihnen in den Laden kommen, um die Babyfotos von sich zu zeigen. Dass John gestorben ist, kann er kaum glauben.

«Wir lassen das Foto aber hängen, oder?», fragt er.

«Natürlich», sagen wir. «Das Bild bleibt.» Ein Teil von John gehört nach Roscoe Village.

Mit meiner Schwägerin fahre ich nach downtown Chicago, zum Ballett im Auditorium Theatre. Das Joffrey Ballet führt Charlotte Brontës *Jane Eyre* auf. Ein Werk, das nur aus Worten besteht, übertragen in Bilder, Musik und Bewegungen, übertragen in alles jenseits von Worten. Die Tänzerinnen und Tänzer vereinnahmen uns und das ganze Publikum schnell. Binnen weniger Minuten entsteht der Schwebezustand, der die Kunst ausmacht. Die Zeit wird angehalten, die Wirklichkeit ausgesetzt. Das Publikum lebt in einer literarischen Geschichte, die sich vollends mitteilt, auch wenn kein Wort gesprochen wird.

Ehe wir uns versehen, ist die Aufführung vorbei. Wir landen zunächst so halb zurück im Jetzt, erstmal in der Freude über das Erlebte, das Publikum ist begeistert und feiert das Ensemble, noch ein Vorhang, und noch ein Vorhang, Jubelrufe, glücklich aussehende Tänzerinnen, Tänzer, Orchestermusikerinnen und Musiker. Erst beim Rausgehen kommen wir wieder so richtig in der Wirklichkeit an, ein wenig unsanft verschiebt sich die Aufmerksamkeit zurück zu den lebenspraktischen Umständen, Drängelei an der Garderobe, und jetzt will jeder möglichst schnell zum Parkhaus, bevor dort der große Rückstau einsetzt.

Es kommt mir plötzlich so eigenartig vor, wie das alles funktioniert. Ich meine die Aufführung, aber auch das Leben. Das Flüchtige daran. Wenn man die Logistik bedenkt, den enormen Aufwand, für recht kleine Momente des Glücks. Die vielen Stunden des Probens, des Arbeitens, so ein krasses Verhältnis zu der doch eher schnell vorübergehenden Erfahrung, für die man das alles tut.

Kann es sein, dass davon nichts bleibt? Aber was bleibt? Wird das irgendwie manifest oder bleibt es immer nur diffus spürbar? Kunst denk in aller Konsequenz über das Leben nach und kann den Tod deshalb nie ignorieren. Jede Kunst ist von dem Wunsch getrieben, so weit wie möglich vorzudringen, wohin auch immer, jedenfalls jeweils ein kleiner Aufschwung der Seele. Niemals lässt sich dieser Abend wiederholen. Keine Aufführung ist wie eine andere. Das Leben ist ebenso flüchtig und ich denke, auch davon muss doch etwas bleiben. Das Leben ist vorübergehend und unwiederbringlich, natürlich, aber doch nicht *Nichts*. Oder? Immerhin scheint es mir eine angemessene Beschäftigung zu sein, flüchtige Momente zu sammeln, die nicht Nichts sind, ohne dass ich fassen könnte, was sie sind.

50

In der Vorweihnachtszeit vor unserem zweiten Weihnachtsfest ohne John wagen wir uns das erste Mal wieder in ein Konzert. Wir hatten Musik seit Johns Tod extrem gemieden, denn sie traf viel zu direkt in den Schmerz. Wir konnten sie einfach nicht ertragen. Ich wollte schreien, mir die Ohren zuhalten, mir die Haare ausraufen, wenn irgendwo Musik lief, völlig irrational. Ich dachte, jetzt werde ich verrückt. Noch verrückter war nur, dass es Scott genauso ging. Musik war uns beiden eine unerträgliche Belastung geworden. Wir haben nur noch *Deutschlandfunk* oder *NPR* gehört und sofort den Radiosender gewechselt oder das Radio ausgeschaltet, wenn dort Musik kam. In Bezug auf Musik ging einfach nichts mehr, rein gar nichts.

Nur ganz langsam tasten wir uns zurück, nach zwei Jahren im musikalischen Off, Neuanfang mit Bach. Das Weihnachtsoratorium beginnt und irgendwann merke ich, dass Tränen meine Wange hinunterlaufen. Ich könnte gar nicht sagen, wann das angefangen hat. Ich muss nicht schluchzen oder schniefen oder auch nur schwer atmen, die Tränen laufen einfach hinunter, wie losgelöst von mir. Sie führen eine Art Eigenleben. Vielleicht kommen sie aus irgendeiner Stelle in meinem Inneren, die so taub geworden ist, dass ich sie nicht mehr spüren kann. Aber offensichtlich ist sie noch da, gibt es sie noch, und die Musik erreicht sie. Über zwei Jahre lang habe ich das

Vordringen zu diesem Kern des Schmerzes vermieden. Was für eine Idee, ausgerechnet zu einem Bach-Konzert zu gehen, um das aufzubrechen.

Weinen in der Öffentlichkeit, das ist unangenehm. Emotionale Inkontinenz, sagte die psychiatrische Literatur im 19. Jahrhundert. Ein Sekret. Ein Exkrement. Wo ist die Schamgrenze? Schon bei den Augen. Was sollen die Menschen neben mir denken? Sie können nun rätseln, was mit mir los ist. Weinen ist unspezifisch, es kann neben dem Traurigsein und der Verzweiflung schließlich auch Wut, Frustration oder sogar Freude bedeuten.

«Wer wird die Geschichte der Tränen schreiben?», hat einst Roland Barthes gefragt. Warum der Mensch weint, ist bis heute nicht wirklich geklärt. Die chemische Zusammensetzung der Eiweiß- und Stresshormone lässt auf eine lösende Funktion schließen. Spannungsabbau für Körper und Geist. In der Annahme, dass Tränen etwas ausspülen, werden sie eher als gesund betrachtet. Andererseits können sie aber auch als Symptom für Hysterie pathologisiert werden. Weinen kann laut oder leise sein. Frauen weinen häufiger und länger als Männer, wobei weibliche und männliche Säuglinge gleich oft weinen. Das Verhältnis verschiebt sich erst beim Aufwachsen. Das ist zum einen wahrscheinlich kulturell bedingt, könnte aber auch hormonelle Gründe haben. Männer, die wegen einer Prostata-Krebserkrankung testosteron-hemmende Medikamente einnehmen, weinen mehr (was natürlich aber auch an der Krebserkrankung liegen könnte).

Der Neurologe Antonio Damasio geht davon aus, dass Tränen eine Rückzugsmöglichkeit aus der Welt des Handelns bieten. Es gehört zur Natur des Weinens, dass darin Entscheidungen und Veränderungen suspendiert sind. Wer weint, handelt nicht. Weinen als eine Art Anhalten der Zeit, welches dem Gefühl ermöglicht, an den vorauseilenden Verstand aufzuschließen. Das leuchtet mir ein. Bewegung ist der Normalzustand des Lebens. Die Welt steht nicht still. Bewegung anzuhalten, das erfordert eine Kraftanstrengung. Wer sich gegen Veränderung wehrt, sie gar zurückzudrehen versucht, steht am Ende immer auf verlorenem Posten. Auf Dauer wird sich die Veränderung durchsetzen. Was aber, wenn man innehalten muss, Zeit braucht? Wie kann man sich der steten Bewegung entziehen? Vielleicht ist es so, vielleicht hilft das Weinen dabei, einen Aufschub zu erreichen, der immer nur temporär sein kann, aber eben doch manchmal notwendig ist. Mit dem Weinen als einer Art vorübergehendem Stillhalteabkommen kann ich mich anfreunden.

Allerdings geht es für uns bei der Musik und dem Weinen ja gerade nicht um ein solches Anhalten. Musik hat den gegenteiligen Effekt, sie geht direkt in die Gefühle, legt den Schmerz gnadenlos offen. Sie bewegt, sie hält gerade nicht an. Das ist ja das Problem.

Der niederländische Psychologe Ad Vingerhoets hat gemeinsam mit den Psychologen Lauren Bylsma und Jonathan Rottenberg von der *University of South Florida* die Weinerlebnisse von rund 5.000 Versuchspersonen ausgewertet. Entgegen der allgemein vertretenen Ansicht, Weinen habe eine wohltuende Wirkung, hat ihre Studie ergeben, dass nur die Hälfte der befragten Personen das Weinen als erleichternd empfand. 10% sagten gar, es habe ihre Situation verschlimmert. Positiv schien Weinen nur zu wirken, wenn ein Gegenüber die weinende Person tatsächlich trösten konnte. Hier sehe ich eher einen Schlüssel zu unserer Problemlage. Trösten kann man uns nicht, und damit ist das Weinen eben keine Erleichterung.

Ich möchte aber so gerne zur Musik zurückfinden. Vor Johns Geburt hatten Scott und ich in Chicago viel Zeit in Clubs und auf Konzerten verbracht. Ich muss an diese Orte denken: Metro, Lounge Ax, Wild Hare, Double Door, B.L.U.E.S., Kingston Mines, Empty Bottle, House of Blues, Buddy Guy's Legend. Auch gemeinsam mit John hatten wir viel Zeit mit Musikhören verbracht. Den Weg zurück zur Musik, zumindest den Weg zurück zur Musik ohne Weinen, habe ich aber noch nicht gefunden.

51

This must be underwater love,
the way I feel it slipping all over me.
This is it, underwater love.
It is so deep, so beautifully liquid,
follow me now, to a place you only dreamt of,
before I came along.
This is it, underwater love.

(Smoke City)

52

An dem Donnerstagmorgen, an dem ich John zum letzten Mal sehe, klingelt der Wecker wie jeden Werktag um 6 Uhr. John wird bald zur Schule abgeholt. Ich wecke ihn und erkläre beim Zähneputzen, dass ich für zehn Tage arbeiten gehen werde. John sieht mich erschrocken an. Früher hatten wir ihm schon Tage vorher von einer Dienstreise erzählt, um ihn innerlich darauf vorzubereiten. Es hatte ihn aber nur tagelang nervös gemacht. Dieses Mal habe ich mir deshalb gedacht, ich erspare ihm lieber die unruhigen Tage und sage es ihm erst am Morgen.

Am Bus umarme ich John und er umarmt mich innig zurück. Er drückt mich ganz fest an sich. So intensiv hat er mich lange nicht mehr umarmt. Ich frage mich: Hätte ich ihm doch früher von der Reise erzählen sollen? Ist es auf diese Art schlechter statt besser?

Ich versuche, John aufzumuntern: «Es sind doch nur zehn Tage, mein Schatz, dann bin ich wieder da.»

Ich bin seit Monaten zu Hause gewesen. Im Winter gibt es in allen Bereichen, in denen ich arbeite, nicht viel zu tun. Ich bin froh gewesen über diesen Auftrag im Februar. Doch gerade weil John und ich nun permanent zusammen gewesen sind, fällt uns beiden der Abschied umso schwerer. John will mich gar nicht loslassen. Das Buspersonal wartet, die Kinder im Bus warten. Ich versuche John zu ermutigen, indem ich ihm fröhlich begegne. Ich streife seine Arme von mir ab, fasse ihn an der Schulter, er sieht mich an, wir sehen uns in die Augen, ich lächele und sage: «Nur zehn Tage, das schaffst du noch.»

John muntert das nicht auf. Sein Blick ist tieftraurig. Wir geben uns einen Abschiedskuss und er steigt in den Bus. Dort sitzt er still auf seinem Platz und der Bus fährt los. Ich winke. Er winkt nicht zurück. Er blickt nur traurig zu mir hinaus. Zurück in unserer Wohnung muss ich weinen. Diese Umarmung. Dieser traurige Blick. Ich bin innerlich aufgewühlt und rufe eine Viertelstunde später die Begleitperson im Bus an. Die Male, die ich das in neun Schuljahren getan habe, kann man an einer Hand abzählen.

«Keine Sorge», sagt die Busbegleiterin. «John geht es gut. Er sitzt ganz ruhig da.» Ich lege auf und kann mir genau vorstellen, wie er ruhig dasitzt, mit diesem traurigen Blick. Ich fühle mich schrecklich. Ich kann den Auftrag jetzt aber so kurzfristig nicht mehr absagen. Ich versuche, mich zu beruhigen. Zehn Tage nur, und John wird gleich in der Schule abgelenkt, das wird schon alles werden.

Auf der Zugfahrt denke ich darüber nach, wie ich meine Arbeitssituation ändern könnte. Bei unserem letzten Besuch im Epilepsiezentrum hat uns der Neurologe nach der Untersuchung gesagt, dass die Gehirnströme schlecht aussehen und wir uns auf vermehrte Krampfanfälle einstellen sollen. Wenn es so kommt, muss ich ohnehin wieder zu Hause bleiben, müssen wir für die Arbeitssituation wieder eine andere Lösung finden. Vielleicht ist dies meine vorerst

letzte Dienstreise, denke ich auf dem Weg nach Erfurt, ich muss nun bei John bleiben.

53

Wenn ich fast drei Jahre später an das letzte Mal denke, dass ich John gesehen habe, wenn ich an diesen Donnerstag, den 25. Februar 2016 denke, habe ich immer wieder das Lied «Pink Rabbits» von *The National* im Kopf. Das Lied hatten wir in den Wochen vor Johns Tod häufig mit ihm gehört. So schlimm nun die Stelle: «You didn't see me, I was falling apart.»

Hatte ich nicht gesehen, wie John auseinanderfiel? Hat John gewusst, dass er sterben wird? Der innigste aller Abschiede am Tag, als ich nach Erfurt gefahren bin, lässt mich das immer wieder denken. Ich hatte diesen Blick in seinen Augen noch nie gesehen. Und diese feste Umarmung. Hat John geahnt, dass es ein Abschied für immer ist?

Und warum habe ich zu ihm gesagt: «Das schaffst du noch?» Was sollte dieses *noch*? So verkürzt dahingesagt war das. Weil ich danach wieder eine Weile zu Hause sein würde. Aber in der Rückschau wird jedes Wort und jede Geste auf die Goldwaage gelegt. *Das schaffst du noch.* Hatte ich etwa unbewusst auch eine Ahnung gehabt?

Alles ist auf diesen Moment zugelaufen, so erklärt es sich aber eben nur rückblickend. In der Situation selbst war die schreckliche Abschiedsszene in den folgenden Tagen in den Hintergrund gerückt. Scott hatte erzählt, dass es John gut gehe. Auch in der Schule war man positiv gestimmt. Am Telefon hörte John sich glücklich an. Und bald wäre ich wieder zu Hause. Alles okay.

Bisher hatten wir ein recht gutes Gespür dafür gehabt, wenn etwas mit John nicht stimmte. Warum nur hatten wir dieses Mal nichts bemerkt? Unsere Wahrheit, unsere Wirklichkeit, ich kann kaum noch sagen, was, wann, wie, wichtig war. Tausend Mal drehe ich jeden Moment im Kopf herum, um vielleicht doch noch eine bisher übersehene Nuance zu erhaschen.

Die Gedankenschleifen wühlen sich beharrlich durch die zentralen Momente. Immer wieder die so schwere Abschiedsszene, und das letzte Telefongespräch. Mein Verstand sagt: Wahrscheinlich konnten wir vorher nichts ahnen. Noch am Abend, kurz vor seinem Tod, hatte John am Telefon gelacht und sich gefreut. Die Männer waren mir an jenem Freitagabend beide sogar besonders gut gelaunt vorgekommen. Dennoch. Wenn ich noch einmal jedes Detail durchdenke, kommt dann vielleicht etwas anderes dabei heraus?

Auf eine Schleife folgt unweigerlich die nächste. Die Diagnose im Epilepsiezentrum im Januar. Hätten wir uns danach anders verhalten sollen? Wir hatten gute Gründe, vorsichtig zu sein, als der Neurologe im Januar vorgeschlagen hatte, vielleicht wieder Medikamente auszuprobieren. Johns Epilepsie war immer therapieresistent gewesen. Wir hatten 13 Medikamente probiert, mit allem, was das mit sich bringt: Einschleichen, teils furchtbare Nebenwirkungen, und nach jedem Scheitern ein Ausschleichen des

Medikaments. Eine Tortur nach der anderen. Teils war John nur noch ein Schatten seiner selbst gewesen.

Wir waren aus dem Krankenhaus entlassen worden, um die Lage in den folgenden Wochen weiter zu beobachten. Im April sollten wir für ein erneutes EEG in die Klinik zurückkommen. Parallel hatte der Neurologe vorgeschlagen, eine neue MRT-Aufnahme von Johns Gehirn vorzunehmen, um zu sehen, wie es sich seit der letzten Aufnahme entwickelt hat. Ob wir dieses MRT in der Zwischenzeit machen ließen, oder erst nach dem Folgetermin, hatte er uns überlassen. In jedem Fall gab es im Epilepsiezentrum kein MRT und wir würden dafür in die Charité gehen müssen. Der Neurologe hatte weder in Bezug auf eine medikamentöse Behandlung noch in Bezug auf das MRT eine besondere Dringlichkeit oder Eile vermittelt. Status war: Beobachten.

MRT-Aufnahmen von Johns Gehirn waren in der Vergangenheit immer unauffällig gewesen. Mit der dafür nötigen Vollnarkose war John allerdings jedes Mal schwer zurechtgekommen. Er schien die Anästhesie nicht zu vertragen. Nach jeder Vollnarkose hatte er Krampfanfälle bekommen. Also waren wir auch in dieser Hinsicht vorsichtig. Wir würden einen hohen Preis bezahlen müssen für einen Eingriff, der womöglich wieder nichts zeigte. Ich wollte kein MRT machen lassen, ohne eine zweite Meinung einzuholen. Also rief ich in der Charité an, wurde dort aber erst einmal nur von einer Person zur nächsten und von dort zu einer Dritten weitergeleitet. Irgendwann gab ich auf und dachte, Scott und ich uns müssen uns sowieso erst einmal selbst klar werden, wie wir mit der Situation umgehen wollen.

Wir haben uns nach dem Aufenthalt im Epilepsiezentrum im Januar viele Gedanken zum Für und Wider des weiteren Vorgehens gemacht. Wir trafen die Entscheidung, erst einmal bis zum Folgetermin im April abzuwarten. Wir hatten gute Gründe dafür. Nur: Auf der Grundlage dessen, was dann im März geschah, Johns Tod, erscheint die Entscheidung in der Rückschau eben doch fragwürdig. Hätten wir sofort versuchen sollen, wieder Medikamente zu geben? Hätten wir sofort einen Termin für ein MRT vereinbaren sollen? Was hätte uns das gebracht? Meine Intuition sagt: Nichts. Aber die Schuldgefühle melden sich und sie sagen: Wir haben uns von den negativen Erfahrungen der letzten fünfzehn Jahre entmutigen und zermürben lassen und zu lange gezögert.

Andererseits: Wenn selbst der Neurologe keine Eile gesehen hatte, warum hätten wir das gesollt? Die Schuldgefühle sagen: Weil wir John besser verstanden haben. Wir waren Tag und Nacht mit ihm zusammen. Die Ärzte sahen immer nur einen Ausschnitt von ein paar Minuten, plus Aktenlage.

Die Schuldgefühle entstehen aus dem Selbstanspruch, als Mutter das eigene Kind am besten zu kennen und ihm immer helfen zu können. Dass genau das aber nicht der Fall ist, habe ich im Leben mit John immer wieder schmerzhaft erfahren. Die Tiefe der Hilflosigkeit. Ein Kind, das nicht sprechen kann, kann eben nur begrenzt mitteilen, wo es weh tut und was es wünscht. Wie alle Experten, waren wir Eltern immer wieder daran gescheitert, Erklärungen zu finden. Ich denke, vielleicht verlangen wir doch auch ein bisschen viel von uns, wenn wir meinen, besser sein zu müssen als die Experten in einem spezialisierten Epilepsiezentrum.

Pausenlos jeden Winkel gedanklich neu auszuloten, nagt am Vertrauen. Schuldgefühle kann man, praktischerweise für die Schuldgefühle, aber unpraktischerweise für einen selbst, gegenüber allem und jedem entwickeln. Die Dynamik der Gedankenschleifen und Schuldgefühle ist destruktiv, führt nie zu einer hilfreichen Erkenntnis. Am Ende muss ich beständig aufmerksam sein gegenüber dem, was tröstet, und dem, was nur zu Trostlosigkeit führt.

Hinter all dem steckt immer die Frage: Wie hätte es anders ausgehen können? Wo genau ist der Moment, in dem der Fehler liegt? Als ob ich den Ausgang ändern könnte, wenn ich nur wüsste, wo dieser entscheidende Moment liegt, den es wahrscheinlich noch nicht einmal gibt. Was würde ich nicht alles tun, wenn im Gegenzug nur John wieder hier wäre. Auf diese Art von inneren Verhandlungsgefechten darf man sich nicht einlassen, so verlockend, geradezu unwiderstehlich sie auch sind. Am Ende sind sie nur ein sinnloses Sich-Auflehnen.

Ich denke, wie schön es doch vergleichsweise im ersten Jahr nach Johns Tod gewesen ist. Wir hatten noch diesen Schutz um uns. Diese tiefe Dankbarkeit und Zuversicht, die ganzen positiven Wahrnehmungen. Das dritte Jahr ist das schlimmste, denke ich, aber das sage ich natürlich auch nur jetzt, im dritten Jahr. Ich hätte im ersten Jahr sicher nicht gesagt, dass es schön war. Direkt nach Johns Tod war ich mir aber noch so sicher gewesen, dass er uns vertraut hat, uns geliebt hat, und dass er genau gewusst hat, wie sehr wir ihn lieben. Wir waren so mit ihm und uns im Reinen. Jetzt stelle ich alles in Frage, fürchte, dass er sich unverstanden fühlte, alleingelassen, und dass wir etwas falsch gemacht haben. Aber: Ich habe alles getan, was ich konnte. Der Rest lag nicht in unseren Händen. Ich weiß, wie bei allem, auf das man keinen Einfluss hat, gilt es auch hier zu akzeptieren. Das war Johns Leben, es war schön und schwer, und *so sollte es sein*. Wenn es doch nur so einfach wäre, emotional zu akzeptieren, was ich rational längst verstanden habe.

54

Ich bin gerne Mutter gewesen, so gerne Johns Mutter gewesen. Was das für ein Schritt war, in der Schwangerschaft, diese Aussicht, Verantwortung für ein Leben zu übernehmen, und wie unglaublich es dann auch gewesen ist. Dabei war das Muttersein, bei aller Liebe und Hingabe, ehrlicherweise auch eine Erfahrung kontinuierlicher Isolation.

In den ersten Jahren wird wahrscheinlich jede Mutter von den Bedürfnissen des Kindes dominiert, alles andere rückt in den Hintergrund und mit der Zeit entsteht eine Sehnsucht nach erwachsenen Gesprächen. Wie andere Mütter auch, habe ich Halt und Unterhaltung bei anderen Müttern gesucht und gefunden, die in der gleichen Lage waren, also Kinder im gleichen Alter hatten. Das hat anderthalb Jahre lang funktioniert, aber als wir dann lange in Krankenhäusern waren, zuerst Johns nicht behandelbare chronische Erkrankung und später seine Behinderung offenbar wurden, konnte ich immer weniger mit den anderen Müttern anfangen, oder sie mit mir. Unsere Lebenswelt und die Bedürfnisse unserer Kinder entwickelten sich einfach zu unterschiedlich.

So rutschte ich in die erheblich kleinere Isolationsuntergruppe der Eltern behinderter Kinder. Was schon in milderer Ausprägung für die Gruppenbildung von Müttern an sich gilt, verschärft sich in einer kleineren Gruppe: Nur, weil man zufällig einen

Aspekt des Lebens teilt, hat man nicht automatisch viel gemeinsam.

Durch Johns Tod haben wir auch diese Gruppe verlassen und sind in eine noch kleinere Untergruppe gerutscht. Quasi eine Isolation dritten Grades: Mutter, Mutter eines schwerstbehinderten Kindes, verwaiste Mutter eines schwerstbehinderten Kindes. Ich habe mich immer weiter von der Mitte entfernt, bin immer tiefer in ein Nischendasein geraten.

Andererseits sind Scott und ich ohne John nun eigentlich wieder totaler Mainstream.

55

Woher kommt die hohe Erwartungshaltung an mich selbst als Mutter? Eine meiner frühesten Kindheitserinnerungen an einen längeren Zeitraum ist ein Urlaub in Rumänien mit meinem Bruder, meinem Vater und einem Freund der Familie. Meine Mutter war nicht dabei. Sie machte nach ihrem ersten Studienabschluss im Lehramt einen Zusatzabschluss in Sonderpädagogik. Als sie ihre Examensarbeit dafür schrieb, war ich sechs Jahre alt, mein Bruder drei. Damit meine Mutter ungestört Zeit für ihr Examen hat, fuhren die beiden Männer mit uns beiden kleinen Kindern für drei Wochen in den Urlaub.

Meine Eltern waren beide Lehrer und haben beide immer gearbeitet. So bin ich aufgewachsen. Es war für mich zunächst selbstverständlich, dass meine Eltern sich alles teilten. Im Kontakt mit Freundinnen und Mitschülerinnen merkte ich dann, dass die meisten anderen Mütter immer zu Hause waren. Im Spiel «Mama, Papa, Kind» war die Mutter bei den meisten eine Hausfrau. Ich habe – eine schamvolle Erinnerung – meine Mutter sogar einmal vorwurfsvoll gefragt, warum sie nicht wie alle anderen Mütter einfach zu Hause sein kann. Für Kinder soll alles so sein wie bei den anderen.

Ich habe aber schnell verstanden, dass meine Eltern mir ein gutes Vorbild geben, nicht umgekehrt. Rückblickend kommt es mir sogar so vor, als wäre die Gesellschaft in den siebziger Jahren weiter gewesen als heute. Wir sind nicht mit pink und hellblau aufgewachsen. Zwei Männer reisten mit zwei kleinen Kindern in den Urlaub, um der Mutter für ihre berufliche Weiterentwicklung den Rücken freizuhalten.

Wie mühsam, dass man sich unablässig gegen die Wiederkehr des Reaktionären wehren muss. Aber eben offenbar nicht nur strukturell im größeren Zusammenhang gesellschaftlicher Entwicklungen, sondern auch ganz persönlich. Warum denke ich darüber nach, ob ich mich nicht genug *aufgeopfert* habe? Das bin nicht ich, das sind nicht meine Überzeugungen. Warum lege ich nicht die Maßstäbe an, mit denen ich aufgewachsen bin?

Vielleicht ist es für eine verwaiste Mutter kaum möglich, sich nicht für den Tod des Kindes verantwortlich zu fühlen. Nicht zu denken, sie habe das Kind auf irgendeine Weise im Stich gelassen. *Das Herz ist in der Lage, Widersprüche in sich zu erhalten.* Mario Perniola.

56

Dreieinhalb Jahre nach Johns Tod. Mit einer Alumnigruppe der *Ohio State University* fliege ich von Johannesburg nach Hoedspruit. Ich leite eine zweiwöchige Reise durch Südafrika, Botswana und Simbabwe. Der größte Teil liegt schon hinter uns, der letzte Stopp ist das Thornybush Wildreservat, für eine dreitägige Safari an der Grenze zum Kruger Nationalpark.

Wir kommen zur Lodge und schon kurze Zeit später fahren wir mit offenen Safari-Jeeps in den Busch. Irgendwann treffen wir auf eine Elefantenherde und beobachten ihre Bewegungen. Ich sehe eine Elefantenmutter, die ihrem Baby hoch gelegene Zweige eines Baumes mit dem Rüssel herunterbiegt und hinhält, damit das Kind die Blätter fressen kann. Die Elefantenmutter wiederholt es Zweig für Zweig, ganz ruhig, immer wieder sucht sie einen neuen Zweig aus, biegt ihn herunter, hält ihn dem Kind hin. Die beiden scheinen die Bewegungen der anderen Elefanten um sie herum gar nicht zu bemerken, sie sind ganz bei sich. Eine Szene, in der die Zeit stillzustehen scheint, nichts anderes existiert in diesem Moment als diese Handlung der geduldigen Liebe. Es ist unglaublich berührend anzusehen.

Es erinnert mich aber auch daran, dass ich schon das Gegenteil erlebt habe. In Ostafrika habe ich einmal gesehen, wie ein Gepard eine Thomson-Gazelle jagte. Das unglaubliche Tempo der Jagd, und als er sie erwischt hatte, kippte die Szene schlagartig ins Gegenteil, in einen mir extrem langsam scheinenden Kehlbiss. Gefühlt minutenlang regte sich nichts, während der Gepard das Maul in den Hals der Gazelle vergraben hatte und auf ihren Tod wartete.

Einerseits damals der Kampf, vom Gepard in der Geduld des langen Kehlbisses beendet, andererseits hier die Fürsorge, von der Elefantenmutter ausgeübt in der Geduld des Fütterns. Zwei entgegengesetzte Seiten der Geduld. Jeder Kampf braucht Geduld, jede Fürsorge braucht Geduld. Ich kenne beide, aber sie haben nichts mit der Geduld zu tun, die ich in der Trauer nach Johns Tod finden und erlernen muss. Wie viele Arten von Geduld es wohl gibt?

Am nächsten Nachmittag gehen wir zu Fuß auf die Pirsch. Nicht weit vom Camp entfernt hängt eine erlegte Schwarzfersenantilope über dem Ast eines Baumes. Morgens hatten wir in der Nähe eine Leopardin mit ihren Jungen gesehen. Sie hatte ganz nah an unserem Jeep gestanden. Ein unglaublich eindrucksvolles Tier. Der Ranger denkt, die Antilope könnte von der Leopardin erlegt worden und oben im Baum sichergestellt worden sein. Nun holt sie vermutlich die Jungen zum Fressen. Wir sollten besser zügig weitergehen, bevor die Tiere auftauchen, sagt er.

Auf den ersten Blick sieht die Landschaft aus, als seien keine Lebewesen in der Nähe. Der Ranger zeigt uns, wie er die Spuren liest: Pfotenabdrücke, Kot, abgeknickte Zweige. Die Zeichen sind fern von der menschlichen Kommunikation. Sie lesen zu können, ist an diesem Ort aber für das Überleben des Menschen unabdingbar. Bei dieser Pirsch zu Fuß durch die Wildnis, in der alles so weit entfernt vom Menschlichen scheint, wird mir nicht nur erneut bewusst, sondern unmittelbar erfahrbar, was für eine Anmaßung es wäre zu glauben, man hätte hier, also der Mensch auf der Erde, irgendwelche Ansprüche anzumelden.

Wissenschaftler sagen, Trauernde brauchen Resilienz, also Widerstandskraft. Der Begriff ist für mein Gefühl mit einem Irrtum behaftet. Er klingt kämpferisch, abwehrend, und wird entsprechend auch oft so interpretiert, als müsse man sich einer Lage widersetzen und entwickelte aus diesem Widerstand Kraft. Meine Erfahrung ist eine geradezu gegenteilige. Kraft entsteht für mich daraus, zu sehen, zu hören, zu fühlen, zuzulassen. Ich erkenne die Lage an, ich gebe ihr nach. Resilienz entsteht aus einer verletzlichen Offenheit. Ihr Wesen hat weniger mit dem Aufbau einer Abwehr zu tun, als die Begriffe Resilienz und Widerstandskraft nahelegen. Kraft entsteht gerade daraus, sich beeindrucken zu lassen.

Es tut mir gut, mich beeindrucken zu lassen von der Geduld der Elefantenmutter, von der ebenso wunderschönen wie gefährlichen Leopardin, wie auch von der großen Schlange, die auf dem Gelände der Lodge plötzlich in einem Baum hängt, von der Luft, die in Südafrika anders ist, so mild, vom hohen Himmel, dem Licht, den Farben der Steppe, den Gerüchen der fremden Gerichte, vom *Kreuz des Südens* am nachtschwarzen Himmel im Busch.

Ich habe gelesen, dass Elefanten und Affen deutliche Zeichen von Trauer zeigen. Bei den Elefanten sinken die Augen ein, die Ohren hängen herab, sie bedecken ihre Toten mit Sträuchern und Ästen, begraben sie also quasi, und kehren noch Jahre später an diese Stelle zurück.

Von einer an Altersschwäche gestorbenen Schimpansin in einem Safaripark in Schottland las ich, dass die anderen Schimpansen ihren Körper nach dem Tod betasteten und von Stroh befreiten, fast wie eine Totenfürsorge. Die Tochter blieb die Nacht über an der Seite ihrer verstorbenen Mutter. Am nächsten Tag schauten die Schimpansen stumm und in sichtbar gedrückter Stimmung dem Abtransport der Leiche zu. Danach gerieten sie tagelang aus ihren Routinen und schliefen nachts schlecht.

Als in Guinea zwei Jungschimpansen im Alter von 14 Monaten an einer Lungenerkrankung starben, konnte eine Forschergruppe beobachten, wie die beiden Mütter die am Ende schon mumifizierten Körper ihrer toten Kinder 19 beziehungsweise sogar 68 Tage lang überallhin mitnahmen.

Immer wieder weisen die Forscher darauf hin, dass man diese Beobachtungen nicht vermenschlichen kann: Wir wissen nicht, ob und was die Tiere verstehen und worin sich ihr Verhalten begründet.

Fast schon süß in ihrem naiven Überlegenheitsdenken, diese Warnung, denke ich. Als ob wir Menschen es besser wüssten und verstünden. Man könnte genau diese Einwände auch uns selbst gegenüber vorbringen.

Sogar im Gegenteil, wir Menschen sind noch nicht einmal so klug, einer Mutter den Körper ihres toten Kindes zu belassen, wir sind so dumm, ihn wegzunehmen, bevor auch nur ein Abschied möglich ist.

Ich liebe es, abends in der Hütte im Bett zu liegen und zu hören, wie draußen vor der Tür die Tiere aktiv sind. Bevor ich das erste Mal nach Afrika kam, hatte ich mir vorgestellt, dass das beängstigend sein könnte. Das ist es aber gar nicht, im Gegenteil, es ist beruhigend. Ich liebe die Wildnis mit all den Tieren und spüre ich Liebe, spüre ich John.

Vielleicht kann man statt Resilienz oder Widerstandskraft genauso gut einfach Vertrauen sagen, im Sinne eines Urvertrauens. Sich in die Erkenntnis fallen zu lassen: So ist es gekommen und so wird es bleiben. Das Sosein zu akzeptieren, das klingt wie die einfachste Sache der Welt, aber es ist in Wahrheit so schwer. Schwer anzunehmen: das Sosein des Schicksals, das Sosein der Mitmenschen, das Sosein des Selbst, das Sosein des Lebens, und das Sosein des Todes. Nicht aufgeben, nicht loslassen, eher fallenlassen. Ich lasse mich fallen in die Tatsache dieses Verlusts.

Auch in Johns therapieresistente Erkrankung und schwere Behinderung musste ich mich vor vielen Jahren fallenlassen. Ich hatte schnell gespürt, dass ein Ankämpfen dagegen sinnlos gewesen wäre. Wir würden mit diesen Bedingungen leben, und ich hatte

Vertrauen, dass wir das können. Was ich loslassen musste, wie meinen festen Arbeitsplatz, das gehörte für mich eher zur Peripherie. Das Zentrum, John, war bei mir, und das war entscheidend. Das ist der große Unterschied zur Gegenwart. Jetzt muss ich mich fallenlassen ohne John.

57

«Angela Merkel ist die Bürgermeisterin von Deutschland!», sagt ein Junge aus der 5. Klasse stolz auf meine Frage nach Politikerinnen und Politikern, die sie kennen. Ich arbeite für eine Woche an einer Gesamtschule in Xanten am Niederrhein. Je nach Altersstufe unterrichte ich die Schülerinnen und Schüler zu unterschiedlichen Aspekten der parlamentarischen Demokratie. Die Fünftklässler sind mit vollem Einsatz dabei, es melden sich immer gleich mehrere, sie rutschen ungeduldig auf ihren Stühlen herum, springen fast auf, wenn sie aufzeigen, so gerne möchten sie mir alles sagen, was sie schon über Politik wissen. Unbändige und ungetrübte Energie.

Die Kinder erinnern mich an vieles, was ich auch mit der Erinnerung an Johns Kindheit verbinde. Neugierde, eine grundlegende Zuversicht, wilde Gefühle von Begeisterung bis Wut, eine turbulente Zeit, in der die Tage so voll scheinen, weil es so viel zu entdecken gibt. Wie schön das war, das mit John als seine Eltern noch einmal mitzuerleben und dabei auch an die eigene Kindheit erinnert zu werden. Dieses geballte Versprechen noch einmal vor sich zu haben.

Am Ende der Stunde kommen ein paar Schülerinnen und Schüler zu mir und möchten, dass ich ihnen ein Autogramm gebe. «Warum das denn?», frage ich. «Ich hab euch doch erzählt, dass ich keine Abgeordnete bin, und ich bin auch überhaupt nicht berühmt.»

«Aber Sie sind ganz aus Berlin hierhergekommen!», sagt einer. «Das muss man sich mal vorstellen! Berlin!»

In der nächsten Stunde unterrichte ich eine 9. Klasse. Die Stimmung ist eine andere, hier meldet sich kaum jemand, obwohl die Schülerinnen und Schüler schon viel mehr wissen. Die Jungen sehen aus wie John. So groß und doch tragen sie noch diesen kindlichen Ausdruck im Gesicht. Sie sind genau in dem Alter, in dem John gestorben ist. Die ganze Widersprüchlichkeit, in der sie sich gerade befinden, und die sie mit allem ausdrücken – wie sie sich bewegen, wie sie gucken, wie sie sich verhalten – das alles erinnert mich so an John. Ich könnte schon weinen, wenn ich sie nur ansehe. Ich würde sie am liebsten alle in den Arm nehmen.

Später kommt eine sehr kleine Klasse, nur neun Mädchen. Auf ihre Frage, ob ich Kinder habe, erzähle ich ihnen, dass mein einziger Sohn gestorben ist, als er 15 Jahre alt war.

«Du darfst die nicht so nah an dich ranlassen», sagt hinterher eine Kollegin, die die Unterrichtsstunde mitverfolgt hat. «Wenn solche Fragen kommen, sag einfach, dass das hier nichts zur Sache tut.»

Ich denke, dass sie mich in erster Linie beschützen möchte. Vielleicht spielt aber auch eine Rolle, dass die Lage naturgemäß schwerer wird, wenn der Tod eines Kindes erst einmal ausgesprochen im Raum steht. Schwerer eben nicht nur für mich, sondern auch für alle anderen Beteiligten.

Bei meiner Arbeit bleibt es oft nicht aus, dass sich die Menschen, mit denen ich spreche, früher oder später für meine persönliche Situation interessieren. Sie fragen, wo ich aufgewachsen bin, ob ich verheiratet bin, und auch, ob ich Kinder habe. In diesem Fall wollte ich den Schülerinnen Politik anschaulich vermitteln und dazu gehörte, ihnen auch von meiner Erfahrung als Patientenvertreterin im Gemeinsamen Bundesausschuss zu erzählen. Politik sollte für sie zu einem Inhalt werden, von dem sie erkennen, dass und wie er sie selbst betrifft. Sie sind gut mitgegangen, waren aufmerksam und interessiert. Aber je persönlicher der Unterricht ist, desto eher werden natürlich auch weitere persönliche Fragen gestellt. Das habe ich bewusst in Kauf genommen.

Ich möchte nicht durch Schweigen beschützt werden, denn das ist in Wahrheit kein Schutz, und ich möchte auch andere nicht davor beschützen, was die Wahrheit ist. Wer Fragen stellt, setzt sich Antworten aus.

Das ist zu persönlich. Dieser Satz macht es Menschen auch bequem. Es ist für die Umwelt enorm praktisch, wenn man ausgerechnet das, was existentiell schwierig ist, allein im stillen Kämmerlein lösen soll. Damit ist es für die anderen vom Tisch. Was zur Privatsache erklärt wird, lässt sich in der Öffentlichkeit mehr oder weniger unbeschadet ignorieren.

Eine stille Übereinkunft des Ignorierens ist ein effektives und machtvolles Instrument. Ich kenne diesen Mechanismus schon viele Jahre, ich habe ihn schon in Bezug auf Johns Epilepsie, seinen Autismus und seine geistige Behinderung erlebt. Ich weiß daher auch, dass es Abstufungen gibt. Über eine chronische Erkrankung kann man besser reden als über eine Behinderung. Am meisten tabuisiert ist die geistige Behinderung. Menschen mit geistigen Behinderungen begegnen uns selten, wenn wir selbst nicht zufällig welche in der Familie haben. Praktischerweise leben sie in abgegrenzten Zusammenhängen, mit denen wir uns darum nicht automatisch auseinandersetzen müssen. Genauer darüber nachzudenken, wie wir als Gesellschaft den Menschen mit einer geistigen Behinderung gerecht werden können, dafür gibt es abseits von den Nischen spezialisierter Fachkreise noch nicht einmal ein diskursives Terrain.

Anstarren und Wegsehen, eigentlich Gegensätze, gehen in der Praxis erstaunlich geschmeidig ineinander über. Mit Johns auffälligen Verhaltensweisen mussten wir den Blick der anderen aushalten lernen. Ich weiß: Wir sind die. Irgendwo und für irgendwen, immer. Ich habe keine Angst davor. Wenn ich sie je hatte, ist das lange her. Ich weiß: Privatisieren bedeutet allzu oft auch Alleinlassen. Daher mein Misstrauen gegenüber diesem Satz: «Das ist zu persönlich.» Nur wenn der Tod als Thema nicht zu persönlich ist, kann er zum Leben dazugehören. Wenn solche Fragen kommen, sag ich deshalb bewusst nicht, dass das hier nichts zur Sache tue.

58

Scott und ich gehen über einen Friedhof spazieren. Aus einem Grabstein für ein Kind ragt eine Glasplatte heraus, in die ein Zitat von Martin Luther eingraviert ist: «Wenn nicht geschieht, was wir wollen, so wird geschehen, was besser für uns ist.»

Wir laufen weiter, sehen uns andere Gräber an, aber der Gedanke an diesen Grabstein lässt mich nicht los. Wir gehen noch einmal zurück und ich fotografiere den Stein. Zurück in der Ferienwohnung sehe ich mir die Bilder an, die wir auf dem Spaziergang gemacht haben und bleibe wieder an Luthers Satz hängen. *Wenn nicht geschieht, was wir wollen, so wird geschehen, was besser für uns ist.*

Wie konnten die Eltern nur diesen Satz für das Grab ihres Kindes auswählen? Ich wehre mich innerlich enorm dagegen. Aber ist so ein großer Widerstand nicht manchmal auch ein Zeichen, dass dahinter etwas Wahres liegt, das man einfach nur nicht hören möchte?

Ich nehme weder für John noch für uns eine Befreiung wahr, wie sie manchmal an mich herangetragen wird, in Sätzen wie: «Vielleicht war es ja auch besser so für John.» Ich lehne das ab, wie das Luther-Zitat. Es war nicht besser so, denke ich. John wollte leben und wir wollten mit ihm leben.

Schwer war es allerdings für ihn und auch für uns schon oft. Sollte ich zumindest den Gedanken zulassen, dass in dem Satz ein Stück Wahrheit stecken könnte? Würde ich jetzt sterben und bei meiner Beisetzung sagte jemand so einen Satz, wäre das nicht falsch. Mit dem Tod ist der ganze Kampf vorbei, wer wollte ernsthaft sagen, dass es nicht vielleicht auch eine Erlösung, eine Erleichterung sein kann, die Welt hinter sich zu lassen.

Was John in seinen fünfzehneinhalb Jahren mit seiner Krankheit und Behinderung gemeistert hat, ist mehr als viele im Verlauf eines langen Lebens bewältigen müssen. Ist es am Ende etwa nur egoistisch von mir, dass ich so konzentriert auf meinen Schmerz bin, so voll von Trauer, dass ich diese Möglichkeit, die ich sogar für mich selbst sehen kann, John gar nicht erst zugestehen möchte?

Ich wünschte mir, dass John noch hier wäre. In dem Gefühl bin ich vollkommen egoistisch. Es würde mich wundern, wenn es verwaiste Eltern gäbe, deren Trauer nicht dieser unbändige Egoismus innewohnte. Am Ende geht es allerdings nicht um mich, sondern um John. Ich habe ihn über alles geliebt, ich möchte nur das Beste für ihn. Was ist das Beste? Das Schwierige ist, dass man nie weiß, ob und wann man sich selbst betrügt.

Wie konnten die Eltern nur diesen Satz für das Grab ihres Kindes auswählen? Vielleicht so. Ich weiß nichts über ihr Kind, aber als die Eltern dieses Zitat wählten, haben sie ihren Egoismus überwunden, ihren Schmerz hintangestellt. Ich denke immer noch, dass John leben wollte, aber je mehr ich mich mit diesem fremden Grabstein auseinandersetze, umso weniger stark stört mich der Satz immerhin. *Wenn nicht geschieht, was wir wollen, so wird geschehen, was besser für uns ist.* Wir werden nie wissen, ob es für John besser so war oder nicht, aber die Möglichkeit besteht und allein das hat auch seine Bedeutung.

59

Unser viertes Jahr auf dem Friedhof bricht an. Im Frühjahr blühen auf Johns Grab Schneeglöckchen, Märzbecher, Krokusse, Tulpen, Hyazinthen und Narzissen. Im Sommer folgen die Rosen, Klematis, Glockenblumen, Steppensalbei, Lavendel, Fleißige Lieschen, Dahlien, Montbretien und Gladiolen, später noch der Hibiskus, im Winter die Christrosen. Nach mehr als drei Jahren auf dem Friedhof sind wir zu passablen Gärtnern geworden. Wir kümmern uns in der Dürre der letzten Jahre auch um mehrere andere Gräber und um die Bäume. Das Wässern kann im Sommer bis zu zwei Stunden dauern. Der Teil des Friedhofs, auf dem Johns Grab liegt, ist zu unserem Garten geworden. Trotz oder gerade wegen unserer ständigen Anwesenheit haben wir kaum bemerkt, wie enorm der Ginkgo links und der Kirschbaum rechts von unserem Grab im Laufe der Jahre gewachsen sind. Erst als wir sie auf Fotos aus dem ersten Jahr wiedersehen, wird uns das Ausmaß ihrer Veränderung bewusst.

Bei einer Kulturführung durch einen angrenzenden Friedhof fällt in einem Nebensatz die Bemerkung, dass der Alte Luisenstädtische Friedhof, also unser Friedhof, von 1931 bis 1935 von den Nationalsozialisten zu Propagandazwecken genutzt wurde. Davon wissen wir bisher nichts. Nach der Führung haben viele Teilnehmer Fragen an den Referenten und so gehen wir zunächst ohne weitere Informationen hinüber zu Johns Grab. Der kleine Nebensatz lässt uns aber nicht los. Den nächsten Tag verbringen wir daher in der Zentral- und Landesbibliothek, wir lesen uns durch die Literatur zu Kreuzberg in den frühen 1930er Jahren, langsam puzzeln wir uns die Geschichte zusammen.

1931 wurde der Alte Luisenstädtische Friedhof von Joseph Goebbels als sogenannter *Hauptfriedhof der Bewegung* ausgewählt. Dafür gab es mehrere Gründe. Die Garnisonkirche, zu der der Friedhof gehörte, unterstand seit 1930 dem evangelischen Pfarrer Johannes Wenzel. Er war Mitglied der *Glaubensbewegung Deutsche Christen*, die sich als «SA Jesu Christi» begriff. Wenzel hatte sich voll in den Dienst des Nationalsozialismus gestellt und Goebbels erkannte ihn ihm einen Mann, den er für seine Zwecke nutzen konnte. Zudem befand sich der Friedhof strategisch in einer provokanten, und daher zur Agitation geeigneten Lage inmitten eines traditionell linksorientierten Arbeiterviertels.

Innerhalb der nächsten vier Jahre wurden auf Wenzels Friedhof 22 Nationalsozialisten beigesetzt, die meisten von ihnen waren Mitglieder der SA. Sie waren bei Straßenkämpfen umgekommen, einige aber auch durch Suizid oder unpolitische Konfrontationen im Umfeld von Sucht und Kriminalität. Bei den Bestattungen wurde ihr Tod allerdings in jedem Fall ideologisch inszeniert.

Im September 1931 wurde Hermann Thielsch auf dem Friedhof beerdigt. Thielsch hatte vor dem SA-

Sturmlokal *Zur Hochburg* in der Gneisenaustraße Ecke Solmsstraße Wache gestanden, als er mutmaßlich von Angehörigen des Roten Frontkämpferbundes angeschossen wurde. Er verstarb kurze Zeit später im Urban-Krankenhaus. Seine Todesumstände eigneten sich ideal, um den Friedhof als eine Art Weiheort des SA-Märtyrerkultes zu etablieren.

In einem der Bücher auf meinem Stapel in der Bibliothek finde ich ein Zitat aus dem Auflagenbescheid der Polizei. Darin schrieb der Polizeichef zu Hermann Thielschs Beerdigung: «Ich erhebe keine Einwendungen dagegen, dass die S.A. sich auf dem Friedhof nach Stürmen formiert und Hakenkreuzfahnen auf dem Friedhof selbst getragen werden. Ein geschlossener An- und Abmarsch zum bzw. vom Friedhof der Teilnehmer an der Beerdigung darf nicht stattfinden. Die Hakenkreuzfahnen müssen zusammengerollt zum Friedhof hingebracht und ebenso wieder weggetragen werden.»

Die Polizei bewilligte den Nationalsozialisten also einige Freiheiten, andere nahmen sie sich zusätzlich entgegen den Vorgaben. Im Juni 1930 war in Preußen ein Uniformverbot verhängt worden, um der faschistischen Bilderwelt einheitlich formierter Massen entgegenzuwirken. Dieses Uniformverbot galt auch auf dem Friedhof. Im Bescheid steht ausdrücklich: «Eine einheitliche Kleidung des Oberführers nebst Adjutanten sowie dem Führer des Sturms, dem Thielsch angehört hat (Sturm 24), wird nicht zugelassen. Auch sonst muß das Uniformverbot von den Teilnehmern an der Beerdigung strengstens beachtet werden.» Auf die Einhaltung wies der Chef der politischen Polizei das Kommando der Schutzpolizei wiederholt hin, wie Quellen belegen, aber die Verstöße, die dagegen stattfanden, wurden anderen Quellen zufolge dann doch nicht geahndet.

Die meisten Zeremonien auf dem Friedhof wurden von Wenzel persönlich abgehalten, der nichts gegen die Dominanz der Hakenkreuzfahnen, dramatische Trommelinszenierungen und das Spielen des Horst-Wessel-Liedes einwendete, und damit bereitwillig eine politische Veranstaltung aus den Begräbnissen machte. In einer Mischung aus militärischen Ritualen, Rückgriffen auf die christliche Passionsgeschichte und Anleihen an die aus dem Ersten Weltkrieg bedeutsame Figur des «Unbekannten Soldaten» wurde in den folgenden Jahren auf dem Friedhof konsequent eine Täter-Opfer-Umkehr inszeniert. Die zuvor in Straßenkämpfen ausgeübte eigene Gewalt wurde in einen reinen Abwehrkampf umgedeutet, die Toten zugleich zu Opfern und zu Helden glorifiziert, zu Identifikationsfiguren für das, was jetzt zu tun sei.

Scott findet in einem Buch eine weitere Verbindung zwischen dem Friedhofspfarrer Wenzel und führenden Nationalsozialisten, nur kurz nach der Beerdigung von Hermann Thielsch. Obwohl das Gut Severin bei Parchim weit entfernt liegt von der Garnisonkirche in Berlin-Kreuzberg, traute Pfarrer Johannes Wenzel im Dezember 1931 in Parchim Joseph Goebbels und Magda Quandt. Auch dort erlaubte er eine Zeremonie, die gar nicht mehr religiös, sondern ganz politisch war. Der Altar wurde mit einer großen Hakenkreuzfahne zugedeckt und wieder verstießen die Gäste gegen das Uniformverbot. Trauzeuge war Adolf Hitler.

Im Juni 1932 starb ein weiteres Mitglied des SA-Sturms 24, Helmut Köster, an der Ecke Gneisenaustraße und Schleiermacherstraße. Kurz zuvor waren sowohl das SA-Verbot, als auch das Uniformverbot aufgehoben worden. Der Rote Frontkämpferbund blieb allerdings weiter verboten. Entsprechend zog die SA noch selbstbewusster als vorher durch Kreuzberg. Laut Nationalsozialisten wurde Köster im Straßenkampf von Kommunisten erschossen, jedoch ist dies bis heute nicht geklärt. In verschiedenen Quellen gibt es auch Hinweise darauf, dass er von den eigenen Leuten getroffen worden sein könnte.

Joseph Goebbels persönlich hielt die Grabrede für Helmut Köster. Er forderte darin Rache und rief zur Gewalt auf, unter anderem mit seinem berüchtigten Hammer-und-Amboss-Zitat. Dieses stammt ursprünglich aus einer Rede von Bernhard von Bülow vor dem Reichstag im Dezember 1899. Goebbels wählte es bewusst für die Rede am Grab von Helmut Köster aus: «Das ist das letzte Opfer, das wir straflos in die Erde legen! Mit diesen Zuständen wird jetzt Schluss gemacht! Endgültig! So oder so! Von nun an wird das ein Ende haben. Wir wollen nicht mehr Amboß bleiben, wir wollen Hammer werden!»

Scott und ich sitzen schockiert in der Bibliothek. Das Zitat, das Björn Höcke 2018 beim Kyffhäusertreffen der AfD wiederbelebte, es wurde 1932 von Goebbels auf unserem Friedhof benutzt. Man kann in Deutschland natürlich nirgendwo überrascht sein, auf nationalsozialistische Vergangenheit zu stoßen, aber hier kommt für uns bei der Recherche doch sehr viel zusammen, das schwer zu verdauen ist.

Wir lesen weiter und erfahren, dass die bewusste Aufheizung der Lage während der Beisetzungszeremonien allseits offensichtlich und bekannt war. Das Grab des von den Nationalsozialisten verabscheuten ehemaligen Reichskanzlers und Außenministers Gustav Stresemann, das sich auch auf dem Friedhof befindet, musste während jeder Zeremonie von einem großen Polizeiaufgebot geschützt werden, damit es nicht geschändet würde.

Goebbels Aufruf zur Gewalt am Grab von Helmut Köster blieb nicht ungehört. Vom Friedhof aus machten sich Teilnehmer der Beerdigung Richtung Friedrichstraße auf und griffen dort zunächst einen Zeitungshändler an, der die Reichsbannerzeitung *Alarm* verkaufte. Dann zogen sie weiter zum *Vorwärts*-Gebäude, drangen mit 150-200 Leuten in den ersten Hof vor, es fielen Schüsse, zwei Reichsbannerangehörige und ein Nationalsozialist wurden verletzt.

«Guck mal, hier», sagt Scott. «Noch mehr.»

Was denn nun noch, denke ich.

«21. März 1933, der Tag von Potsdam», sagt Scott.

In der Propagandazeitschrift *Angriff* steht: «Heute vormittag kurz nach 10 Uhr begab sich Adolf Hitler in Begleitung von Dr. Goebbels zum Luisenstädtischen Friedhof in der Bergmannstraße, auf dem wir so manchen unserer gefallenen Kameraden begraben mußten. Der Führer besuchte die verschiedenen Gräber und verweilte vor den bekränzten Hügeln in stummem Gedenken. Am Grabe Hermann Thielschs legte Adolf Hitler einen Kranz aus Lorbeeren und Tannengrün nieder. Auf der schwarzen Schleife standen die Worte: 'Meinen Toten Kameraden! Adolf Hitler.' Es war eine stille und ergreifende Stunde auf dem Friedhof. Inmitten der knospenden Büsche gingen unsere Gedanken zurück in die Tage, wo wir hinter dumpfen Trommeln unsere gemeuchelten Kameraden zu Grabe tragen mußten. Durch ihre Opfer wurde der heutige Tag errungen. In dankbarer Kameradschaft stand jetzt der Führer an ihren Gräbern, verbunden mit ihnen über den Tod hinaus. Sie starben, damit Deutschland lebe.»

Nach den Wahlen am 5. März 1933 sollte am 21. März der neu gewählte Reichstag offiziell eröffnet werden. Da das Reichstagsgebäude im Februar abgebrannt war, war für den Staatsakt die Garnisonkirche in Potsdam ausgewählt worden. Ein Tag, an dem sich die endgültige Allianz der alten preußischen Eliten und der Sympathisanten der Konservativen Revolution mit den Nationalsozialisten vollziehen sollte. Dem feierlichen Akt vorausgehen sollten ein evangelischer und ein katholischer Gottesdienst. Besonders

Reichspräsident Paul von Hindenburg war der Ausdruck des christlichen Erbes ein Anliegen. Er besuchte gemeinsam mit den protestantischen Reichstagsabgeordneten den Gottesdienst in der Nikolaikirche Potsdam, die katholischen Zentrumsabgeordneten und Vizekanzler Franz von Papen besuchten die katholische Messe in der Potsdamer Kirche St. Peter und Paul.

Das Parlament war also in Potsdam versammelt. Goebbels hingegen hatte kurzfristig mit Hitler entschieden, nicht in die Kirche zu gehen und stattdessen der SA-Toten auf dem Luisenstädtischen Friedhof zu gedenken. Sie hatten Hindenburg über die Planänderung bewusst kurzfristig informiert. Dies traf den Reichspräsidenten in doppelter Hinsicht, denn nicht nur wurde der von ihm gewünschte christliche Rahmen des Festakts damit aufgehoben, sondern der Friedhof war außerdem als ein Ort des klaren Bekenntnisses zur politischen Gewalt bekannt. Hindenburg akzeptierte die Entscheidung dennoch und auch alle anderen spielten mit. Ein deutliches Zeichen der Schwäche des Reichspräsidenten, des Parlaments und der Kirchen. So kam es, dass Hitler und Goebbels am Tag von Potsdam auf unserem Friedhof Kränze niederlegten.

Die einzig erbauliche Information, die wir an diesem Tag herausfinden, ist, dass im Haus an der Ecke des Friedhofs, in der Hasenheide 61, die Widerstandskämpfer Arvid Harnack und Mildred Harnack-Fish gewohnt haben. In der Wohnung der Harnacks im vierten Stock, mit Blick auf den Südstern und damit auch auf den Friedhof, fanden ab 1933 samstägliche Teegesellschaften mit Freunden und Nachbarn statt, aus denen sich die Widerstandsgruppe *Rote Kapelle* entwickelte. Die groß inszenierten Beerdigungen und der Märtyrerkult auf dem Friedhof können an den politisch interessierten Harnacks nicht vorbeigegangen sein. Ich frage mich, wie die beiden das wahrgenommen haben, kann aber vorerst keine Briefe oder andere Dokumente dazu finden.

Von der Bibliothek aus fahren wir abends direkt zum Friedhof. Auf den alten Fotos hatte es ausgesehen, als ob das Tympanon der Kapelle mit einem Relief ausgestaltet war, das es heute nicht mehr gibt. Bäume und Büsche sind heute anders gepflanzt. Die SA-Gräber wurden auf Anordnung der Alliierten nach dem Krieg eingeebnet. Der einzige Grabstein, der geblieben ist, ist der von Pfarrer Wenzel. Es lassen sich heute also kaum noch Anknüpfungspunkte zu den Fotos ausmachen, die wir in den Büchern gesehen haben. Nach allem, was wir herausgefunden haben, kollidiert unser heimisches Gefühl gegenüber dem Friedhof aber dennoch mit den Informationen aus der Bibliothek. Ich nehme den Ort anders wahr. Vor meinem inneren Auge sehe ich die Propagandabilder mit den nationalsozialistischen Flaggen, die Spaliere von Hitlergrüßen und die Grabsteine mit den Hakenkreuzen.

Ich empfinde es als wichtig, sich an Orte so zu erinnern, wie sie waren. Ich möchte wissen, nicht verdrängen. Wir sind hartnäckige Bewohner dieses Raumes, wir werden ihn uns zurückerobern. Wir müssen die neuen Informationen aber erst einmal verarbeiten, um zu unseren eigenen Empfindungen gegenüber diesem Ort zurückzugelangen. Der Friedhof ist heute von Vielfalt geprägt, von Menschen unterschiedlichster Nationalitäten, Religionszugehörigkeiten, Hautfarben und sexueller Orientierung. Auf dem Friedhof entfaltet sich in knapper Form die Geschichte von Berlin und den Menschen in dieser Stadt. Im Krieg und im Frieden Verstorbene, Alte und Junge, verschiedenste Berufsgruppen. Der Ort enthält die ganze Welt. Die Zeit weht als Ewigkeit durch das Gelände. Daran ändern vier furchtbare Jahre in seiner Geschichte grundsätzlich nichts. Die Erinnerung an sie gehört hier aber genauso wenig begraben wie an anderen Orten.

60

Spätnachmittags landen Scott und ich am Flughafen von Salt Lake City und holen den gebuchten Mietwagen ab, den wir zweieinhalb Wochen später in Las Vegas wieder abgeben werden. Für die Zwischenzeit haben wir keine Unterkünfte gebucht, damit wir bleiben können, wo es uns gefällt. Für unseren Urlaub haben wir nur ein paar Ideen, was wir unbedingt sehen möchten, entlang des *Grand Circle* im Südwesten der USA.

Wir fahren Richtung Interstate 70, das ist der Highway, der uns am Nationalpark *Capital Reef* vorbei nach Moab bringen wird, einem der zentralen Stopps auf der Route. Schon bevor wir die I-70 erreichen, bei Salina, setzt die Dämmerung ein, und weil wir die schöne Strecke nicht im Dunkeln fahren möchten, biegen wir beim nächsten Motel auf einen Parkplatz ein.

An der Rezeption stehen zwei Frauen. Die eine kommt auf mich zu, streckt die Hand aus und sagt: «Hallo, ich bin Trixie. Willkommen in Salina!»

Ihre Kleidung und sogar ihre Schuhe sehen aus, als ob sie zwei Nummern zu groß sind. Eine seltsame Erscheinung. Ich gebe ihr die Hand und erwidere: «Ich heiße Monika, hallo. Wir würden gerne wissen, ob Sie noch ein Zimmer frei haben und wieviel es für eine Nacht kostet.»

«Da musst Du sie hier fragen.» Trixie zeigt auf die andere Frau. «Ich bin auch nur Gast hier!»

Es stellt sich heraus, dass wir für 80 Dollar ein Zimmer bekommen können. Kaum haben wir den Schlüssel entgegengenommen, steht Trixie wieder neben mir: «Woher kommt ihr denn?»

«Aus Deutschland», sage ich.

«Interessant! Ich war noch nie außerhalb der USA», sagt Trixie. «Ich fahre den blauen LKW da drüben, durch das ganze Land, aber am liebsten hier durch den Südwesten. Ist schon ein schönes Geschoss für eine Frau, was? Viele Männer haben keinen so großen Truck. Oft schlafe ich im Fahrerhaus. Das ist mit allem ausgestattet. Ist als Frau aber auch nicht ungefährlich. Und manchmal braucht man auch einfach ein Zimmer. Wenn ich in Salina bin, übernachte ich immer hier.»

Trixies Redefluss ist kaum zu stoppen. «Wir müssen jetzt mal unsere Sachen aufs Zimmer bringen», sage ich.

«Alles klar», erwidert sie. «Hier, ich geb Dir noch meine Visitenkarte. Ich verkaufe nämlich auch Kosmetikartikel. Den LKW fahr ich für eine Firma, aber die Kosmetik ist meine eigene Firma.»

Sie zwinkert mir zu und sagt: «Man kann immer noch ein paar Dollar dazu verdienen. Vielleicht brauchst du ja was, eine Gesichtscreme oder so. Hab ich alles im Truck. Ich bin meistens hier an der Rezeption. Wenn du was haben möchtest, komm einfach später nochmal vorbei.»

Irgendwie schräg, dass diese hagere, ältere Frau mit den schiefen, vergilbten Zähnen und den fettigen

Haaren, die offensichtlich schon lange keinen Friseur mehr gesehen haben, ausgerechnet Kosmetikartikel verkauft. Und dieses komische Zwinkern. Seltsam.

«Danke für das Angebot», sage ich. «Aber wir fahren zum Wandern in die Nationalparks. Da brauche ich sowas leider wirklich nicht.»

«Kein Thema», erwidert Trixie fröhlich. «Nichts für ungut, schon verstanden. Ich wollte nicht aufdringlich sein. Wir sehen uns morgen beim Frühstück!»

Ich frage mich, woher sie denn weiß, dass wir uns beim Frühstück sehen, aber tatsächlich sitzt sie am nächsten Morgen im Frühstücksraum, als wir ankommen. Sie begrüßt uns herzlich wie alte Bekannte.

Für die vielen Motelzimmer, die es gibt, ist der Raum zum Frühstücken recht klein, aber wahrscheinlich verweilt hier außer Trixie auch niemand besonders lang. Tische und Stühle aus Hartplastik, Pappteller, Plastikbesteck und Plastikschüsseln, eine riesige Thermoskanne Kaffee, die vermutlich schon seit sechs Uhr vor sich hin simmert, als Müsli nur Corn Flakes und bunte Loops, und eine Metallwanne mit offensichtlich aus Pulver hergestelltem, glibberigen Rührei. Wir schauen uns unschlüssig um.

«Hier kann man eigentlich nur die Waffeln essen», sagt Trixie und errät damit blitzschnell, was wir denken. Sie fragt: «Kennt ihr das nicht? Ich zeig euch mal, wie das geht. Das werdet ihr auf eurer Tour noch in vielen Motels haben.» Sie steht auf und geht zu einem großen Plastikbehälter.

«Das ist die Fertigmischung für den Waffelteig. Da unten ist dieses Drehkreuz. Ihr haltet die Plastikschüssel drunter und dreht so lange, bis ihr genug Teig für eure Waffel habt. Kommt natürlich drauf an, wie dick eure Waffel werden soll. Dann geht ihr hier zu den Waffeleisen, die haben so einen Drehmechanismus. Damit kann man sie schnell hintereinander benutzen. Ihr füllt die Mischung ein, dreht um, stellt die Uhr ein, und wenn eure Waffel fertig ist, lasst ihr das Eisen offen für den Nächsten. Der muss dann auch wieder nur einfüllen und umdrehen.»

Tatsächlich funktioniert die Waffelstraße wie am Schnürchen. Wir bedanken uns für die Einweisung. «Kein Thema», sagt Trixie. «Ich muss jetzt aber los. Wir sehen uns später auf der I-70. Ich hup dann, wenn ihr an mir vorbeifahrt!»

Wir sehen Trixie aber noch vorher. Nach dem Frühstück holen wir unsere Sachen aus dem Zimmer, bezahlen an der Rezeption und gehen zu unserem Mietwagen. Auf dem Parkplatz klettert Trixie gerade zerzaust aus der Fahrerkabine eines anderen Trucks. Im Hintergrund sehen wir einen halbnackten Mann. Trixie winkt, läuft fröhlich zu ihrem LKW, deutet zurück zu dem Truck, aus dem sie gerade ausgestiegen ist und ruft uns dabei zu: «Sein Truck ist kleiner als meiner!»

Auf dem Highway lassen wir uns Zeit, halten auf der Fahrt durch die Canyons an zwei Aussichtspunkten an und lassen uns von den ersten Eindrücken der

Vielfalt an Rot- und Brauntönen unter dem stahlblauen Himmel beeindrucken. Es dauert fast anderthalb Stunden, bis Trixies LKW vor uns auftaucht. Als wir sie überholen, ertönt wie versprochen ihre laute Hupe. Wir winken uns zu. Sie fährt weiter ostwärts Richtung Denver, wir werden sie nicht wiedersehen, denn wir biegen bald gen Süden ab.

In Moab ist alles anders als in Salina. Der Ort scheint ausschließlich von Besuchern der angrenzenden Nationalparks *Canyonlands* und *Arches* bevölkert zu sein. Die meisten sind jung oder mittleren Alters, international gemischt.

Wir haben gelesen, dass der Delicate Arch, ein frei auf einem Berg stehender Steinbogen, zum Sonnenuntergang besonders sehenswert ist. Wir packen also nach dem Einchecken in ein Motel schnell unsere Rucksäcke, ziehen die Wanderschuhe an und fahren los.

Obwohl es Anfang November ist und damit keine Hochsaison, ist der Parkplatz für den Wanderweg zum Delicate Arch schon ziemlich voll, als wir dort ankommen. Der Weg führt über eine Strecke von zweieinhalb Kilometern sacht in die Höhe, nur gegen Ende muss man über abschüssige, glatte Felsen klettern. Sie sind stellenweise noch etwas nass vom gestrigen Regen und wir müssen aufpassen, nicht auszurutschen. Wir kommen gerade noch rechtzeitig vor dem Sonnenuntergang oben an. Wie der Parkplatz nahelegte, sind ziemlich viele Menschen hier oben, aber sie verteilen sich locker auf der weiten Fläche.

Wir setzen uns und beobachten, wie das untergehende Sonnenlicht den Steinbogen vor dem Hintergrund der weiten Berge und Täler langsam rot-orange zum Leuchten bringt. Fast denkt man, jemand hätte bei der Bildbearbeitung den Sättigungsfilter zu hoch aufgedreht. Es ist tatsächlich so schön, dass ich weinen könnte. Die Farben hier sind radikal anders als in den Alpen, aber das erhabene Gefühl, das sich einstellt, ist ähnlich. *Besteige die Berge und empfange ihre gute Kunde.* John Muir. Kryptisch, aber ja.

Auf dem Rückweg wird es schnell dunkel, den schwierigen Teil überwinden wir zum Glück noch vor der Finsternis, aber auch der untere Teil des Weges ist mit der Taschenlampenfunktion unserer Smartphones nicht ganz leicht zu begehen. Hinter uns tauchen zwei junge Amerikaner mit großen Taschenlampen auf.

«Hi, ihr Zwei», sagt der eine. «Habt ihr keine Taschenlampen dabei? Hier wird es extrem schnell dunkel, und das heißt hier draußen tintenschwarz. Lasst uns lieber mal zusammen weitergehen.»

Die beiden könnten ohne uns sicher schneller zum Parkplatz kommen, aber sie bleiben an unserer Seite, beleuchten den Pfad und geben uns dabei noch das Gefühl, dass es überhaupt keine Umstände macht. Am Parkplatz geben wir uns die Hand, wir bedanken uns und Scott sagt: «Ab jetzt immer mit Taschenlampe.»

«Weißt du Bescheid», sagt der eine. «Ab jetzt immer mit Taschenlampe. Macht euch noch eine schöne Zeit hier im Südwesten. Es gibt nichts Besseres.»

Mit den Tagen finden wir in einen Rhythmus von Autofahren und Wandern. Wir haben Blasen an den Füßen und Sonnenbrand im Gesicht. Wir bleiben jeweils zwei oder drei Nächte an einem Ort und fahren dann ein paar Stunden weiter zum nächsten Nationalpark.

An den Tankstellen gibt es überall eine Reihe von Sirupsorten für den Kaffee. Wenn wir tanken, kaufen wir jedes Mal einen großen Kaffee mit Sirup, den wir uns beim Fahren teilen. Am besten schmecken Haselnuss und Mandel.

In den Frühstücksräumen der Motels ist schon früh morgens viel los, man spürt die für Wanderer typische, ruhige Atmosphäre. Alle bereiten sich innerlich auf den Tag vor. Auf dem Weg zum Nationalpark kaufen wir Sandwiches fürs Mittagessen, füllen an den kostenlosen Wasserstellen hinter der Parkeinfahrt unsere Flaschen auf und verbringen dann den ganzen Tag draußen. Beim Abendessen zurück im Übernachtungsort sehen wir in den mexikanischen oder amerikanischen Restaurants manchmal Leute wieder, die uns tagsüber im Park begegnet sind. Abends wirken alle entspannt, das Glück vom Tag ist ihnen ins Gesicht geschrieben, die staubigen Wanderschuhe an den Füßen und die Rucksäcke an der Wand wirken wie Zeichen einer Gemeinschaft. Man unterhält sich, als ob man sich kennt.

Wir fahren über den Moki Dugway, eine unbefestigte Bergstraße, in Serpentinen den Berg hoch. Auf dem Scheitelpunkt öffnet sich der Blick auf die andere Seite und wir sehen das *Valley of the Gods*. Der Blick ins Tal ist atemberaubend schön, hat etwas unmittelbar Spirituelles, ich verstehe sofort, warum die indigene Bevölkerung diesem Ort den Namen *Tal der Götter* gegeben hat.

Ich muss in diesen Tagen oft an Everett Ruess denken, den Aussteiger vom Anfang des 20. Jahrhunderts, der mit zwei Eseln durch diese Landschaft gezogen ist. In seinem Buch «A Vagabond for Beauty» schrieb er, dass er in sich immer einen Unterstrom von Sehnsucht spüre, und dass dies ihn lebenslang zu einem Vagabunden mache: «In meinen Haaren der Wind, unter meinen Sohlen ein Feuer.» Das Leben schien ihm unbeschreiblich und absurd. Nur in Momenten der Verzweiflung gelange man an seine Seele. So oft man aber auch den Rand des Abgrunds spüre, man könne auch dann das Leben nie wahrhaft begreifen. Etwas entkomme einem immer. Eine seiner Lebensmaxime war: Tue nur, was du aus vollem Herzen tun kannst.

«Warum sollte man seine Sehnsucht und seine Liebe verstecken? Nur wenn man sie ausspricht, kann man jemanden finden, der einen versteht und sich dadurch auch selbst erkennen. Diese Offenheit wird in der Welt oft missverstanden, übelgenommen und verhöhnt. Hier in der Isolation muss ich das nicht fürchten» schrieb er.

Ich kann ihn so gut sehen in dieser Landschaft, oder vielleicht ist es umgekehrt, vielleicht hat er die Wirkung dieser Landschaft so gut in seine Worte transportiert, dass ich sofort die Stimmigkeit spüre. Das Vollumfängliche an seiner Haltung. Die radikale Offenheit. Wie alles in ihm von Sehnsucht und Liebe geprägt ist. Genau so sieht diese Landschaft aus und sie ist damit das Gegenteil von Trostlosigkeit.

Warum sollte es tröstlich sein, eine Landschaft anzusehen? Warum beruhigt mich die Natur? Ich möchte nichts von ihr, ich erwarte nichts von ihr. Ich möchte keinen Berg bezwingen und keine Wüste durchqueren. Ich versuche auch nicht, in der Natur Abstand von den Menschen oder der Zivilisation zu bekommen. Ja, die Naturerfahrung kann aus dem Alltag befreien, in einen Raum jenseits des Klein-Kleins führen, das einen sonst leicht dominiert. Aber die Natur als Gegenwelt, als Gegenbegriff zum Geist und zur Gesellschaft, dieser romantisierende Zugang löst bei mir eher ein Unbehagen aus. Ich muss an den Aussteiger Christopher McCandless denken und wie Jon Krakauer ihn in seinem Buch «In die Wildnis» porträtiert. Oder an den Hype um Thoreaus Hütte am Walden Pond. Die Hütte, die nicht so sehr in der Wildnis gelegen ist, wie man nach der Lektüre des emphatischen Textes meint. Der Rückzug aus einer zu komplizierten Welt, die Suche nach einer inneren Stimme, gar nach der Bestimmung des Menschen, die Natur als Bühne für einen Kult des Seelenlebens. Nein, das ist es alles nicht.

Aber ich muss doch weiter an Thoreau denken. An das, was in seiner Reiseerzählung *Ktaadn* deutlicher wird, und woran ich schon in Afrika oft denken musste. Seine Beschreibung der Natur als Ort, den der Mensch zwar nutzen kann, der aber weder ursprünglich noch letztlich für ihn gedacht ist. Auf seinem Weg zum Gipfel des Bergs Ktaadn, dem höchsten Berg in Maine, wird die Natur immer unwegsamer und seine Expedition immer beschwerlicher, und dazu schrieb er: «Man konnte die Gegenwart einer Macht spüren, die nicht dazu verpflichtet war, dem Menschen freundlich gesinnt zu sein.»

Die Natur schuldet uns Menschen keinen Gefallen. Wäre uns das in der Tiefe jederzeit bewusst, würden wir viel respektvoller mit ihr umgehen. Aber auch das ist für mich hier gerade nicht der Punkt. Hier, beim Blick auf das *Valley of the Gods*, geht es mir um die Größe. Die konkrete Erfahrbarkeit, wie ewig die Natur ist, obwohl sie sich ständig wandelt. Wie grenzenlos, vom Menschen nicht kontrollierbar. Viel größer als wir und unglaublich schön. Die Schönheit der Welt geht viel weiter als das eigene Vermögen, sie zu begreifen. Ich stehe da, blicke auf diese Landschaft und spüre ganz klar, dass der Mensch das alles niemals wird verstehen können, und irgendwie liegt genau darin eine große Erleichterung.

So, wie Johns Tod zu groß für mich ist. Ein Satz, der mir immer wieder durch den Kopf geht: «Das ist zu groß für mich.» Wenn ich auf diese Landschaft blicke, denke ich: Lass es einfach zu groß sein. Erfahre diese

Landschaft, ohne sie begreifen zu können. Erfahre den Tod, ohne ihn begreifen zu können.

Am Ende bleibt erstaunlich wenig übrig, nur die in neuer Klarheit erscheinende Erkenntnis, dass der Tod zu groß für den Menschen ist. Wusste ich das nicht schon in der Nacht von Johns Tod? Warum muss ich es immer wieder neu erfahren?

Leo Tolstoi schrieb am 14. November 1903 in sein Tagebuch: «Gemeinhin wird geglaubt, Fortschritt bestehe in der Erweiterung des Wissens, in der Vervollkommnung unseres Lebens, das stimmt aber nicht. Der Fortschritt besteht nur in einer immer klareren Beantwortung der Grundfragen des Lebens.»

Ich bin geneigt, ihm zuzustimmen, auch wenn mir mein eigener Fortschritt dabei jedes Mal ganz schön minimal vorkommt.

Der Moki Dugway führt hinunter ins Tal und von Utah in den Bundesstaat Arizona, über den Goosenecks State Park und Monument Valley weiter zum Lower Antelope Canyon, einem sogenannten Slot Canyon, der auf dem Gebiet der Navajo liegt. Besuchen kann man die zerklüftete Schlucht nur mit einer Führung. Wir werden dem jungen Navajo Clint zugeordnet.

«Leute, was ist mit euch los?», fragt er Scott und mich mitten im Canyon. Wir versuchen gerade zu fotografieren, bekommen die hohe Schlucht aber nicht aufs Bild.

«Darf ich mal?» Clint nimmt sich eins unserer Smartphones. Er spricht kein Deutsch, navigiert aber verblüffend zielsicher durch die Einstellungen des deutschsprachigen Menüs.

«Hier, so schaltet ihr in den Pro-Modus. Und hier passt ihr die Kamera für die Lichtverhältnisse im Canyon optimal an. Und mit dieser Panoramafunktion kommt alles aufs Bild.» Er stellt uns alles so schnell ein und zeigt uns, wie wir es bedienen müssen, dass wir kaum mitkommen. Ich fühle mich alt. Wir machen das erste Bild mit den neuen Einstellungen und sind beeindruckt.

Der *Grand Circle* führt uns schließlich zurück nach Utah. Von Springdale aus erkunden wir *Zion*, unseren letzten Nationalpark dieser Reise. Wir haben unterwegs immer wieder von der Wanderung zum Angel's Landing gehört, einer Felsformation mitten im Park. Von dort oben soll man einen spektakulären Rundumblick in das Tal und über die Berge haben. Die letzte Etappe besteht allerdings aus einem engen Pfad mit hunderte Meter tiefen Schluchten auf beiden Seiten.

Das Auto stellen wir hinter der Einfahrt zum Nationalpark auf einem großen Sammelparkplatz ab. Innerhalb des Parks wird ein System von Zubringerbussen betrieben. Wir steigen an der Haltestelle aus, die am nächsten zu Angel's Landing liegt. Von hier aus sind es knapp 4 km Fußweg auf einem Wanderweg, der zunächst nur langsam ansteigt, sich dann aber in engen Spitzkehren, genannt Walter Wiggles, den Berg hochschraubt.

Oben kommen wir auf einem Felsplateau an, von dem aus der Weg auf dem berüchtigten engen Felsrücken weitergeht. Auf dem Plateau haben sich einige Leute versammelt, wir machen auch erst einmal eine Pause. Ich sehe mir den weiteren Pfad an. Auf dem Felsrücken gibt es ein Kettensystem, an dem man sich festhalten kann, aber der Pfad ist eng und muss dabei in beide Richtungen genutzt werden. Links und rechts geht es steil in die Tiefe.

«Es tut mir leid», sage ich zu Scott. «Aber da komme ich nicht mit.»

«Also, ich geh da auf jeden Fall hoch!», sagt Scott.

«Mach das, ich warte hier. Es ist schön hier auf dem Plateau, also lass dir ruhig Zeit», sage ich. Scott lässt mir seinen Rucksack da, nimmt nur eine kleine Flasche Wasser und sein Smartphone mit.

«Da geht er dahin», sagt eine Frau, die ein paar Meter weit weg sitzt. «Mein Mann ist auch gerade da oben unterwegs. Mir ist sowas mittlerweile zu heikel. Ich heiße übrigens Lisa.»

«Monika. Ja, mir auch. Ich bleib lieber hier.»

«Ich warte auch», schaltet sich ein älterer Mann in der Nähe ein. «Ich bin Herb. Meine Enkelin ist schon eine ganze Zeit da oben unterwegs. Ich weiß gar nicht, wie lange das dauern kann. Langsam mache ich mir schon ein bisschen Sorgen.»

«Mein Mann ist auch schon lange unterwegs», beruhigt Lisa ihn. «Ich glaube, da müssen Sie sich keine Sorgen machen.»

«Wenn was passiert wäre, hätten wir das bestimmt schon mitbekommen», sage ich. «Ihre Enkelin genießt oben bestimmt den Ausblick. Und es sieht auch ziemlich voll aus. Ich kann mir vorstellen, dass man da gar nicht so schnell vorwärts kommt.»

«Ihr habt ja beide Recht», sagt Herb. «Mit dem Alter wird man immer ängstlicher. Schrecklich eigentlich.»

Wir erzählen uns von unseren Erlebnissen in den verschiedenen Nationalparks, denn wie sich herausstellt, waren auch Herb und Lisa auf dem *Grand Circle* unterwegs. Die Zeit vergeht recht schnell bei unserer angeregten Unterhaltung, irgendwann taucht zuerst Lisas Mann auf und direkt dahinter Herbs Enkelin.

Herb gibt zuerst Lisa und dann mir die Hand. «War nett, euch beide kennenzulernen», sagt er. «Danke, dass ihr diese Zeit der Angst und Sorge mit mir geteilt habt.»

Er ist richtig gerührt, hat Tränen in den Augen, so erleichtert ist er, dass seine Enkelin heil wieder bei ihm angekommen ist. Ich bin auch ganz gerührt, aber eher wegen seines Satzes: *Danke, dass ihr diese Zeit der Angst und Sorge mit mir geteilt habt*. Das ist so im besten Sinne typisch Amerikanisch. Wer würde das in Deutschland zu einem Fremden sagen, mit dem er gerade mal eine halbe oder dreiviertel Stunde gesprochen hat?

Es dauert noch eine Weile, bis Scott zurückkommt. Irgendwann mache ich mir auch schon ein wenig Sorgen und muss an Herb denken. Für Scott gilt schließlich das gleiche wie für dessen Enkelin. Wenn er schonmal da hochsteigt, möchte er sicher auch die Aussicht genießen, und außerdem ist es ziemlich belebt auf dem engen Pfad. Die Gründe sind nur nicht so überzeugend, wenn man allein dasitzt.

Als Scott auftaucht, sehe ich ihm die Begeisterung schon von Weitem an. Er erzählt mir von seinen Abenteuern auf dem Weg zur Spitze und zurück, ich erzähle ihm von Herb und Lisa, dann machen wir uns langsam auf den Rückweg. Am Fuß der Walter Wiggles angekommen, nehme ich den Rucksack ab und will mich gerade auf einen Stein setzen, als darunter eine handtellergroße Tarantel hervorkriecht. Ich mag Spinnen nicht besonders, aber es ist so ein beeindruckendes Tier, dass ich mich nach dem ersten Schreck doch hinunterbeuge, um sie näher zu betrachten. Wir beobachten, wie sie ihres Weges geht und als sie weit genug von meinem Rucksack entfernt ist, nehme ich ihn behutsam hoch und setze ihn wieder auf. Lieber doch weiter ohne Rast.

Von Las Vegas fliegen wir über Chicago und Amsterdam zurück nach Berlin. Wir können es kaum abwarten, zum Grab zu fahren und John von allem zu erzählen, was wir erlebt haben: von Trixie und den Wanderern mit der Taschenlampe, von Clint und dem Sirupkaffee, von der Tarantel und Herb und Lisa.

Die Toten können sich nicht wehren gegen die Fantasie der Lebenden, also kommt man leicht mit ihnen ins Gespräch. Andrea Böhm.

Irgendwann haben wir damit angefangen, John auf dem Friedhof alles zu erzählen, was wir erleben, eine Art Zwiegespräch zwischen uns und ihm. Nicht erzählen im Wortsinn, es ist mehr eine innere Verbundenheit, die aber durchaus etwas von einem Gespräch oder einer Begegnung hat. Friedrich Hölderlin schrieb ganz treffend: «Es ist wohl keiner noch zu seines Freundes Grab gegangen, ohne die leise Hoffnung, da dem Freunde wirklich zu begegnen.»

Unsere am Südstern verbrachte Zeit ist eine Art, John weiter in unserem Leben zu haben. Wir legen einen kleinen Stein, den wir von unserer Reise mitgebracht haben, auf Johns Grabstein und damit ist die Verbindung hergestellt, zwischen uns und John und dem Südwesten der USA.

61

Viereinhalb Jahre oder ein Wimpernschlag. Ich sortiere den Gewürzschrank und finde den Rest einer Gewürzmischung, die wir ein Jahr nach Johns Tod in Akko in Israel gekauft haben. Sie ist nun schon zwei Jahre abgelaufen. Mein Eindruck, dass Johns Tod noch gar nicht lange her ist, lässt sich mit den Ablaufdaten der Gewürze nicht in Einklang bringen.

Noch immer denke ich, dass «Mein Kind ist gestorben» die richtige Antwort auf jede mögliche Frage ist. Auch wenn wir mittlerweile sogar Johns kaputten Wave-Sessel zum Wertstoffhof gebracht und sein Zimmer in eine Kombination von Büro und Gästezimmer umgewandelt haben. Verbunden mit dem unerhörten Akt, Johns Sachen in Kartons zu verpacken. Ein paar Dinge haben wir an andere Kinder weitergegeben, der Rest steht im Keller, ganz aufgeben konnten wir alles noch nicht.

Der Tod, was für ein Schritt ins Unbekannte. Die Größe hat sich mir neu erschlossen. Die zwei existenziellen Momente im Leben eines jeden Menschen, die Geburt und der Tod. Nichts anderes haben wir auf die gleiche Weise gemeinsam, Geburt und Tod sind die gemeinsamen Nenner. Beides passiert uns einfach, und in dem Moment, in dem es so weit ist, müssen wir einen großen Schritt ins Ungewisse machen.

Ich komme in Gedanken immer wieder zu John in diesem Moment zurück. *Der Sinn des Lebens besteht darin, dass es endet.* Franz Kafka.

Jeder stirbt allein, eine Plattitüde. Aber es ist nicht leicht, das für einen geliebten Menschen zu akzeptieren, und schon gar nicht, wenn man diesen Menschen selbst in das Leben geboren hat. Wie kann es sein, dass mein Kind diesen Schritt gemacht hat, den ich selbst noch nicht kenne? Ein altmodisch klingender Begriff, aber ich habe Ehrfurcht davor. Vor John, in diesem Moment des Todes. Es beschäftigt mich wieder und wieder, dass ich nicht dabei war, aber in dieser Beschäftigung hat sich innerlich etwas verschoben. Jetzt nehme ich vor allem die Größe wahr, die sich in dem Moment verbirgt, und dass mir der Zugang fehlt, weil wir als Lebende es nie verstehen können, bis zu dem Augenblick, in dem wir selbst diese Schwelle übertreten. Es kommt mir auf eine neue Art falsch vor, dass ein Kind vor seinen Eltern stirbt. Es ist eine Form von Reife, die John durchschritten hat, und ich noch nicht.

Im Küchenradio läuft eine Sendung im Deutschlandfunk. «Das Alter setzt ein, wenn man das Leben im Alltag nicht mehr ohne den Tod wahrnimmt», sagt eine Frau. Sie erzählt, wie sich mit dem fortschreitenden Alter im Kalender immer mehr Todestage sammeln, bis irgendwann Leben und Tod zu jedem Zeitpunkt nah beieinander sind und man den Punkt erreicht, an dem der Tod jeden Tag präsent ist. Mir geht es seit Johns Tod so, ich lebe mit einem alltäglichen Bewusstsein auf meinen Tod hin. Er muss nicht heute kommen und nicht morgen, wer weiß, vielleicht werde ich sogar alt, aber das Leben wird nie mehr allein dastehen.

Trauer wird oft eine Außenseiterstellung zugesprochen. Jemand ist in Trauer: Wenn das gesagt wird, schwingt mit, der- oder diejenige sei sozusagen momentan nicht ganz zurechnungsfähig. Der einzige andere Gefühlszustand, dem man noch am ehesten zuschreibt, er mache temporär unzurechnungsfähig, ist das Verliebtsein. Tatsächlich ist die Trauer dem Verliebtsein ziemlich ähnlich, weil sie pure Liebe zu dem gestorbenen Menschen ist. Liebe, die alles andere überschreibt. Aber wie das Verliebtsein sich irgendwann in das Leben integriert, so die Trauer.

Es heißt immer, Glück sei zerbrechlich. Das kann man über die Trauer nicht sagen, sie ist ein verlässlicher Partner. Aus meiner jetzigen Warte kommt mir das wie eine Selbstverständlichkeit vor. Ich glaube aber, vor Johns Tod hatte ich dieses Durchdringende, Bleibende nicht begriffen. Trauer hatte eine zweifelsfrei negative Konnotation: schwer, düster, bedrückend. Etwas, das man überkommt und beendet. Heute sehe ich das anders. Die Trauer darf bleiben. Plus: Dem Schmerz ausweichen, das kann sowieso keiner. *Niemand erholt sich von der Krankheit, geboren zu werden, dieser wahrhaft tödlichen Verwundung.* Emil Cioran.

«Solang mein Herz schlägt, ist darin dein Grab», schrieb Mascha Kaléko in der Elegie für ihren gestorbenen Sohn Steven. Ja, das. Aber ich bin innerlich auch wieder bei den mit Helium gefüllten

Luftballons. Sie schweben noch immer an der Zimmerdecke, nur kommt es mir jetzt vor, als könnte ich sie hier und da zu mir herunterziehen.

Wie können wir als Eltern nach dem Tod unseres Kindes weiterleben? Ich habe darauf noch immer keine Antwort. Ich kenne nur ein paar Dinge, die helfen. Bewegung und Beschäftigung. Sich von der Natur beeindrucken zu lassen. Sich von der Kunst beeindrucken zu lassen. Von der Vergangenheit, der Gegenwart und der Zukunft. Von den Menschen um einen herum. Das alles sowieso, immer, es ist nur vielleicht noch ein bisschen notwendiger mit der Trauer im Rücken.

Ich kann lachen, lieben, feiern, arbeiten, kochen, gärtnern, lesen, wandern, mich über gute Gespräche freuen und in den Urlaub fahren. Das Leben hat sich in vielerlei Hinsicht als weniger flüchtig erwiesen, als ich früher vielleicht vermutet hatte, nur löst sich darin die existenzielle Gleichung eben insofern nie auf, als ich daneben oder darunter auch Johns Tod für den Rest meines Lebens in mir trage. Trost ist nichts Abschließendes, er ist täglich neu zu suchen und zu finden.

62

Es regnet und wir sitzen am Grab, jeder unter seinem Schirm, und sonst ist bei diesem Wetter niemand zu sehen. Ich denke, dass es vielen Menschen entgeht, wie schön der Friedhof im Regen ist.

«Auf Friedhöfen hat die Erde immer Durst,» hat mein Vater gesagt und damit seine Mutter zitiert.

Der Friedhof hört mir aufmerksam zu, in meiner Sprachlosigkeit, immer, aber vielleicht an Regentagen besonders, wo der Schirm ein bisschen wie eine Kapsel wirkt. Das Prasseln der Tropfen darauf bildet ein angenehmes Hintergrundrauschen zum eingeschränkten Blickfeld. Ich sehe nur diesen kleinen Ausschnitt vor mir, Johns Namen, Johns Daten, das Bild von ihm und die kleinen Sprengsel Erde, die beim Aufprall des Regens vom Boden unten gegen den Stein geworfen werden. Das Wasser, das hinuntersinkt und vielleicht langsam bis zum Sarg vordringt. Unter uns die Verwesung, über uns ziehen die Regenwolken. Unsere Sehnsucht wird still zwischen diesen beiden Bewegungen. Was kann ich bieten? Nahezu nichts. Blumen und Steine.

Unsere Florentina hat dieses Jahr so viele Blüten, dass wir zum ersten Mal aufgehört haben, sie zu zählen. Auf dem Grabstein liegen all die kleinen Steine, die wir von unseren Reisen mitgebracht haben: einer vom Rheinufer in der Nähe von Xanten, einer aus der Negev-Wüste in Israel, einer aus dem Nationalpark *Arches* in Utah, einer aus dem Wildreservat

Thornybush in Südafrika, einer aus Litoměřice in Tschechien.

Wenn ich die Steine ansehe, muss ich an ein Zitat aus Goethes Aufsatz *Über den Granit* denken: «Steine sind stumme Lehrer; sie machen den Beobachter stumm, und das Beste, was man von ihnen lernt, ist nicht mitzuteilen.»

Getröstet von Steinen, so weit ist es gekommen. Aber wer weiß, vielleicht sind Steine ja auch die höchste Kunst des Trostempfindens. *Nicht mitzuteilen* scheint mir jedenfalls eine gut getroffene Einschätzung. John ist uns vorangegangen. Wir halten seine Abwesenheit aus. Geduldig wie die Erde. Sie nimmt das ganze Wasser einfach in sich auf.

LITERATURVERZEICHNIS

Alt, Peter-André: Der Schlaf der Vernunft. Literatur und Traum in der Kulturgeschichte der Neuzeit. C.H. Beck, München 2002.

Barthes, Roland: Die helle Kammer. Suhrkamp, Frankfurt a.M. 1989.

Barthes, Roland: Tagebuch der Trauer. Carl Hanser, München 2010.

Beck, Arndt; Euskirchen, Markus: Die beerdigte Nation. Gefallenen-Gedenken von 1813 bis heute. Kramer, Berlin 2009.

Benecke, Mark: Lenins Leiche. *Die Zeit*, 28. Januar 1999.

Benjamin, Walter: Das Kunstwerk im Zeitalter seiner technischen Reproduzierbarkeit. Suhrkamp, Frankfurt a.M. 1996.

Block, Hans; Riesewick, Moritz: Die digitale Seele. Unsterblich werden im Zeitalter Künstlicher Intelligenz. Goldmann, München 2020.

Blumenberg, Hans: Die Lesbarkeit der Welt. Suhrkamp, Frankfurt a.M. 1986.

Böhm, Andrea: Das Ende der westlichen Weltordnung. Pantheon, München 2017.

Brensing, Karsten: Das Mysterium der Tiere. Was sie denken, was sie fühlen. Aufbau, Berlin 2017.

Brodmerkel, Anke: Das Trauern der Affen. *Frankfurter Rundschau*, 2. Februar 2019.

Canetti, Elias: Das Buch gegen den Tod. Hanser, München 2014.

Casquete, Jesús: Kreuzberger Kirchhof unterm Hakenkreuz. *Der Tagesspiegel*, 22. März 2019.

Cioran, E.M.: Vom Nachteil, geboren zu sein. Suhrkamp, Frankfurt a.M. 1979.

Crone, Philipp: Das Geheimnis der Mumie. *Süddeutsche Zeitung*, 17. Mai 2010.

Deligny, Fernand: Irrlinien. Chronik eines Versuchs. Peter Engstler, Oberwaldbehrungen 2002.

Didion, Joan: The Year of Magical Thinking. Alfred A. Knopf, New York 2005.

Dolan, Maria: The Gruesome History of Eating Corpses as Medicine. Smithsonian Magazine, 6. Mai 2012.

Finkbeiner, Ann K.: After the Death of a Child. Living with Loss Through the Years. Johns Hopkins University Press, Baltimore 1998.

Foucault, Michel: Andere Räume. In: Aisthesis. Wahrnehmung heute oder Perspektiven einer anderen Ästhetik, hrsg.v. Karlheinz Barck, Leipzig 1992, S. 34-46.

Franz, Angelika: Forscher lösen Rätsel der makellosen Mumie. *Der Spiegel*, 11. Mai 2009.

Freud, Sigmund: Die Traumdeutung. Nikol, Hamburg 2011.

Fuchs, Thomas: Leib, Raum, Person. Entwurf einer phänomenologischen Anthropologie. Klett-Cotta, Stuttgart 2000.

Girra, Dagmar; Jaeckel, Ralph; Laubrich, Heike; Siebenhühner, Heidrun: Alter Luisenstadt-Kirchhof. Ein Friedhofsführer. Edition Luisenstadt, Berlin 2003.

Goethe, Johann Wolfgang von: Über den Granit. In: Goethes Werke. Hamburger Ausgabe in 14 Bänden, hrsg.v. Erich Trunz, München 1982, Band 13, S. 253–258.

Groben, Joseph: Requiem für ein Kind. Dittrich, Köln 2001.

Grossman, David: Aus der Zeit fallen. Fischer, Berlin 2016.

Hölderlin, Friedrich. Hyperion oder der Eremit in Griechenland. Anaconda, Köln 2005.

Husmann, Thomas: Als Graf Anton Günther starb. *Nordwest Zeitung*, 6. Juli 2017.

Jungklaus, Bettina; Krebs, Daniel; Ströbl, Andreas; Wittkopp, Blandine: Die Gruft unter der Parochialkirche in Berlin-Mitte. In: Ohlsdorf – Zeitschrift für Trauerkultur. Band IV/2009, Nr. 107, 2009, S. 15–22.

Kaléko, Mascha: In meinen Träumen läutet es Sturm. dtv, München 1997.

Karwelat, Jürgen: Ein Schild-Bürgerstreich. *taz, die tageszeitung*, 17. März 2018.

Krakauer, Jon: Into the Wild. Pan Books, London 2007.

Kunicki, Jan: Friedhof der Bewegung – Der SA-Totenkult auf dem Alten Luisenstädtischen Friedhof in Berlin-Kreuzberg. In: Bürgerkriegsarmee, hrsg.v. Yves Müller und Reiner Zilkenat. Peter Lang, Frankfurt a.M., 2013, S. 93-113.

Lin, Jacques: Das Leben mit dem Floß in der Gesellschaft autistischer Kinder. Peter Engstler, Oberwaldbehrungen 2004.

Loy, Thomas: Ilse Mock. *Der Tagesspiegel*, 29. Oktober 2004.

Lutz, Tom: Tränen vergießen. Über die Kunst zu weinen. Europa, Hamburg 2000.

Mann, Thomas: Tonio Kröger. Fischer, Frankfurt a.M. 1988.

Muir, John: Nature Writings. Library of America, New York City 1997.

Noel, Brook; Blaire, Pamela D.: I Wasn't Ready to Say Goodbye. Sourcebooks, Naperville 2008.

Nuland, Sherwin: How we die. Vintage Books, New York 1995.

Perniola, Mario: Über das Fühlen. Merve, Berlin 2009.

Perniola, Mario: Vom katholischen Fühlen. Matthes & Seitz, Berlin 2013.

Quandt, Jürgen: Grundstücksentwicklung auf Friedhöfen. In: Gottes Acker – Lebens Raum. Friedhöfe in Berlin, hrsg. v. Evangelischer

Friedhofsverband Berlin Stadtmitte, Januar 2019, S.46-66.

Radecke, Gabriele; Rauh, Robert: Ritter Kahlbutz spukt auch bei Fontane. *Märkische Allgemeine*, 5. Mai 2019.

Reibe, Axel: Mit den Sturmabteilungen der NSDAP fängt es an. In: Verein zur Erforschung und Darstellung der Geschichte Kreuzbergs e.V.: Kreuzberg 1933. Ein Bezirk erinnert sich, Berlin 1983.

Rilke, Rainer Maria: Duineser Elegien. Suhrkamp, Frankfurt a.M. 1975.

Ruess, Everett: A Vagabond for Beauty. Hrsg.v. W.L. Rusho, Gibbs Smith Pub, Layton 1985.

Ryvlin, Philippe et al.: Incidence and mechanisms of cardiorespiratory arrests in epilepsy monitoring units (MORTEMUS): a retrospective study. The Lancet, September 4, 2013.

Schulz, Roland: Ganz am Ende. *SZ-Magazin*, 17. Juni 2016.

Schulze Lohoff, Margitta: Elefanten, die Trauer tragen. *Geo Magazin*, 30. April 2010.

Simmel, Georg: Die ästhetische Bedeutung des Gesichts. In: Der Lotse. Hamburgische Wochenschrift für deutsche Kultur. 1. Jg. 2. Band (Heft 35 vom 1. Juni 1901), S. 280-284.

Stuckrad-Barre, Benjamin von: Panikherz. Kiepenheuer & Witsch, Köln 2016.

Thoreau, Henry David: Walden. Penguin, New York 2016.

Thoreau, Henry David: Ktaadn. Mit einem Essay von Ralph Waldo Emerson. Jung und Jung, Salzburg 2017.

Trimble, Michael: Why Humans Like to Cry, Oxford University Press, Oxford 2014.

Trunz, Erich (Hrsg.): Goethes Werke. Hamburger Ausgabe in 14 Bänden. Band 13, S. 253-258, München 1982.

Vingerhoets, Ad: Why Only Humans Weep, Oxford University Press, Oxford 2013.

Weber, Christian: Wie Affen den Tod wahrnehmen. *Süddeutsche Zeitung*, 20. Mai 2010.

Wolf, Christa: Kein Ort. Nirgends. Suhrkamp, Frankfurt a.M. 2007.